KT

Kaiser Taschenbücher

168

Ich glaube an den Gott Israels

Fragen und Antworten zu einem Thema, das im christlichen Glaubensbekenntnis fehlt

Herausgegeben von
Frank Crüsemann und Udo Theissmann
in Verbindung mit
Gabriele Obst, Gisela van Spankeren,
Hartmut Lenhard und Matthias Millard

Chr. Kaiser

Originalausgabe

Die Deutsche Bibliothek – CIP-Einheitsaufnahme

Ich glaube an den Gott Israels: Fragen und Antworten
zu einem Thema, das im christlichen Glaubensbekenntnis fehlt /
hrsg. von Frank Crüsemann und Udo Theissmann
in Verbindung mit Gabriele Obst … – Gütersloh: Kaiser, 1999
(Kaiser-Taschenbücher; 168)
ISBN 3-579-05168-7

Umwelthinweis:
Dieses Buch wurde auf chlorfrei gebleichtem und alterungsbeständigem Papier gedruckt. Die vor Verschmutzung schützende Einschrumpffolie ist aus umweltschonender und recyclingfähiger PE-Folie.

ISBN 3-579-05168-7

Umschlag: Ingeborg Geith, München, unter Verwendung der Abbildung:
Mosaik aus der Synagoge in Ma'on bei Nirim
im Südwesten Israels, 6. Jahrh. nach Christus
Satz: Weserdruckerei Rolf Oesselmann GmbH, Stolzenau
Druck und Bindung: Clausen & Bosse, Leck
Printed in Germany

Inhalt

III. Jesus Christus

IV. Kirche und Israel

Einleitung

Hartmut Lenhard

»Ich glaube an den Gott Israels« – so beginnt das Glaubensbekenntnis, das in jedem Gottesdienst gesprochen wird, *nicht*. Vielleicht irritiert Sie, liebe Leserin und lieber Leser, diese Formulierung. Hoffentlich reizt sie auch zum Nachdenken: Bedeutet sie dasselbe, wie »Ich glaube an Gott, den Vater, den Allmächtigen, den Schöpfer des Himmels und der Erde ...«? Fügt sie dem christlichen Glauben etwas hinzu, was diesem abhanden gekommen ist oder was ihm nie eigen gewesen ist? Stellt sie das Glaubensbekenntnis unter eine neue Perspektive, die auch die übrigen Aussagen der drei Artikel plötzlich in einem anderen Licht erscheinen läßt? Was wäre, wenn man diesen Satz durchbuchstabieren würde auf zentrale Fragen des Glaubens hin?

Fragen, die sich stellen, wenn man ernst macht mit dem Bekenntnis zu dem Gott, der sich nach dem biblischen Zeugnis als der Gott Israels zu erkennen gibt und der das Volk Israel zu seinem Bundesvolk erwählt hat. Fragen, die Christinnen und Christen unter den Nägeln brennen, wenn sie sich dessen vergewissern wollen, woran sie glauben.

Das Buch will Sie einladen, sich auf einen beschwerlichen Weg zu machen. Einen Weg, der abweicht von der breiten Straße einer 2000-jährigen Geschichte der Arroganz und des Hasses. Seit die christliche Kirche sich von ihren jüdischen Schwestern und Brüdern getrennt und ihnen das ›Erstgeburtsrecht‹ als Volk Gottes streitig gemacht hat, ist kein Vorurteil zu bösartig, keine Gewalttat zu tückisch und kein Unrecht zu gemein gewesen, das den Juden nicht durch Angehörige der christlichen Kirche und unter Berufung auf die Theologie angetan werden konnte. Es ist Zeit, diesen Irrweg zu verlassen. Die Bereitschaft zur Umkehr ist in den christlichen Kirchen in den letzten 40 Jahren kontinuierlich gewachsen. Die Einsicht hat sich durchgesetzt, daß der Irrweg der christlichen Judenfeindschaft kein historisch mehr oder weniger zufälliges Ereignis, sondern mit Grundentscheidungen in Theologie und Kirche unlöslich verknüpft war. Eine Kehrtwendung ist daher nicht leichtfüßig möglich, vielmehr gilt es, zum Zentrum des verkehrten Verhältnisses zu den Juden durchzudringen: dorthin, wo schon früh theologische Weichenstellungen erfolgten, die das Glauben und Handeln vieler Christinnen und Christen nachhaltig bestimmten. Denn es ist die Theologie selbst, die das Glaubensbekenntnis so auslegte, daß die Kirche nur auf Kosten Israels Kirche sein, daß Christen nur anstelle der Juden Volk Gottes sein konnten. Darum soll es in diesem Buch gehen: herauszutreten aus der unseligen Alternative »Kirche statt Israel – Christen anstelle der Juden« und einzutreten in einen Dialog darüber, wie der christliche Glaube heute auszusagen ist, *ohne* die jüdischen Bundesgenossen fortwährend herabzuwürdigen. Deshalb durchzieht ein geheimer roter Faden alle Beiträge dieses Buches. Es ist die Überzeugung der Autoren, daß Gott seinen Bund mit Israel nicht verworfen hat, sondern seinem Volk die Treue hält, und daß Christinnen und Christen durch Jesus Christus mit diesem Gott Israels verbunden sind. Daher auch der Titel, der andeutet, daß es hier um das Zentrum, nicht um die Peripherie des christlichen Glaubens geht.

Es ist nicht zufällig, daß das Buch jetzt erscheint. Seit Jahren werden die Fragen, die das Buch behandelt, im wissenschaftlichen Dialog erörtert, auf den christlich-jüdischen Foren der Kirchentage diskutiert und in Arbeitskreisen und Gesellschaften für christlich-jüdische Zusammenarbeit bedacht. Längst haben auch einzelne evangelische Kirchen in Deutschland die Bedeutung des Themas erkannt und sich in Synodenerklärungen und -beschlüssen damit auseinandergesetzt. Für das Jahr 1999 bereitet nun die Evangelische Kirche von Westfalen eine Synode mit dem Leitthema »Christen und Juden« vor. Der Herausgeberkreis dieses Buches, der im Rahmen der Arbeitsgemeinschaft Solidarische Kirche Westfalen und Lippe arbeitet, hat der Synode schon 1994 vorgeschlagen, die Grundartikel der Kirchenordnung der westfälischen Kirche so zu ergänzen, daß die biblische Botschaft von der Treue Gottes zu Israel und der einzigartigen Gemeinschaft von Juden und Christen ausdrücklich zur Geltung gebracht wird. Die für die Synode 1999 vorgesehene Hauptvorlage wird nun eine ähnliche Veränderung der Grundartikel vorschlagen. Wir sehen darin ein hoffnungsvolles Zeichen, daß die Evangelische Kirche von Westfalen am Ende des Jahrtausends theologisch neu dem Verhältnis von Juden und Christen nachgeht. Allerdings sind wir besorgt, daß der Prozeß, der nun begonnen hat, an den Kirchengemeinden vorbeigehen könnte. Vielfach drängen sich ökonomische und tagespolitische Probleme in den Vordergrund und blockieren die Rückbesinnung auf die Grundlagen des Glaubens. Wir möchten deshalb mit unserem Buch den Prozeß in der Evangelischen Kirche von Westfalen vor allem auf der Ebene der Kirchengemeinden begleiten und fördern; darüber hinaus soll das Buch auch in anderen Landeskirchen Menschen ermutigen, sich der Frage einer theologischen Ortsbestimmung des Glaubens anzunehmen.

Wir wenden uns mit unserem Buch vor allem an Laien, die sich mit Interesse dem Thema zuwenden und die sich – jenseits der oft schwierigen fachtheologischen Debatten – Rechenschaft über den christlichen Glauben geben wollen. Die einzelnen Beiträge des Buches orientieren sich an elementaren Fragen, die uns so oder ähnlich immer wieder begegnen. Wir haben sie der besseren Übersicht halber in Abschnitten zusammengefaßt, die besondere Aspekte des christlichen Glaubens bezeichnen: Bibel, Gott, Jesus Christus, Kirche und Israel, Leben und Handeln, Hoffnung. Jedes Kapitel kann für sich gelesen werden, aber die Leserinnen und Leser werden bei kontinuierlicher Lektüre auch Verbindungen zwischen den einzelnen Kapiteln entdecken. Um das Nachschlagen der biblischen Stellen zu erleichtern, wurden bei den entsprechenden Angaben die Bezeichnungen der Lutherbibel für die biblischen Bücher verwendet. Kundige werden unschwer erkennen können, daß hinter jedem einzelnen Artikel ein intensiver Dialog mit wissenschaftlichen Positionen und Gesprächspartnern erfolgt. Die Artikel haben jedoch nicht den Anspruch, diese Auseinandersetzung ausdrücklich zu dokumentieren. Daher beschränken sie sich in der Regel darauf, Zitate und Belegstellen nur in einem unbedingt erforderlichen Maß nachzuweisen. Ausgewählte Lesehinweise im Anschluß an die Artikel und Anregungen zum Weiterlesen am Ende des Buches machen auf Literatur aufmerksam, die auch für Nichttheologen greifbar und verständlich erscheint.

Schließlich ein Wort zu den Autoren. Es sind Frauen und Männer, die sich seit langem mit Fragen des christlich-jüdischen Dialogs befaßt haben und nun den Ertrag ihres Nachdenkens und vieler Gespräche für Mitchristinnen und -christen in den Gemeinden zusammenfassen. Es handelt sich also um einen innerchristlichen Diskussions- und Verständigungsversuch. Nur bei der Frage »Warum glauben Juden nicht an Jesus Christus?« haben wir um die authentische Antwort einer jüdischen Autorin gebeten. Die Autoren der Artikel sprechen nicht mit einer Stimme, aber sie bilden zusammen doch einen vielstimmigen Chor, der – so hoffen wir – eindrucksvoll zusammenklingt. Manche Artikel bewegen sich in ihren Antwortversuchen auf schon vertrautem Terrain, andere Artikel sind Versuche, ungeschützte Vorstöße in Neuland. Jeder Neubeginn schafft Unsicherheit, weckt Widerspruch: Verunsicherung darüber, daß manche Antworten noch fremd und unvertraut klingen, Widerspruch, weil Selbstverständlichkeiten des christlichen Glaubens grundsätzlich befragt werden. Unsicherheiten, Ängste und Widerspruch sind unvermeidlich. Die Herausgeber und Autoren sind aber davon überzeugt, daß wir nur gewinnen können, wenn wir uns auf eine Begegnung mit dem jüdischen Glauben einlassen: Wir werden die jüdischen Wurzeln des christlichen Glaubens wiederentdecken und deshalb diesen Glauben nicht mehr auf Kosten jüdischer Geschwister bekennen müssen. Dieser Ausblick wird für die Mühen und Irritationen des Aufbruchs zu einem neuen Verständnis von Glauben und Leben entschädigen. Wir wünschen Ihnen und uns, daß wir auf dem eingeschlagenen Weg ein gutes Stück vorankommen.

I. Bibel

1. Warum halten Christen am Alten Testament fest?

Ernst Michael Dörrfuß

»Ich brauche das Alte Testament nicht, um ein guter Christ, eine gute Christin zu sein« – bis heute ist diese Überzeugung immer wieder zu hören. Und diejenigen, die aufgrund dieser Auffassung auf den ersten Teil der ›Heiligen Schrift‹ verzichten wollen, können sich auf eine ganze Reihe von Vorgängern berufen.

So hat etwa der aus Kleinasien stammende Markion im zweiten Jahrhundert n.Chr. behauptet, das Alte Testament sei für Christinnen und Christen uninteressant, weil es von einem anderen Gott rede als die Evangelien und Briefe des Neuen Testaments. In der Bibel Israels lasse sich lediglich ein Schöpfergott finden, der die Welt geschaffen habe und sie mit seinem Gesetz regiere. Im Neuen Testament dagegen begegne ein liebender Gott, der sich der Menschen aus reiner Güte erbarme. Markion wurde später auch und vor allem aufgrund seiner Ablehnung des »jüdischen« Alten Testamentes aus der Kirche ausgeschlossen. Die Auffassung, daß der im Alten Testament bezeugte Gott Israels nicht der Vater Jesu Christi sei, findet allerdings durch die Geschichte der Kirche hindurch bis in die Gegenwart ebenso Befürworterinnen und Befürworter wie die Überzeugung, das Alte Testament sei Dokument einer dem Christentum fremden und ihm qualitativ unterlegenen Religion. Als Beispiel aus jüngster Vergangenheit sind hier die (nationalsozialistischen) ›Deutschen Christen‹ zu nennen, deren Ablehnung des Alten Testaments sich mit der Forderung nach der ›Entjudung‹ des Christentums verband.

Das Neue Testament selbst jedoch zeigt, daß die ersten Christinnen und Christen vom Gegenteil überzeugt waren. Sie kannten

– ebenso wie Jesus von Nazareth – keine andere ›Schrift‹ als die Jüdische Bibel, die wir heute Altes Testament nennen. (Um den im heutigen Sprachgebrauch mit dem Wort »alt« verbundenen abwertenden Beiklang zu vermeiden, verwenden übrigens immer mehr Menschen statt »Altes Testament« die Bezeichnung »Erstes Testament« oder »Hebräische Bibel«.) Ganz selbstverständlich lasen die neutestamentlichen Gemeinden in ihren Gottesdiensten Texte des »Alten Testaments«. Sie legten die alttestamentlichen Erzählungen und Gestalten aus und sangen und beteten alttestamentliche Gebete und Lieder. Vor allem aber: Die Evangelisten griffen ebenso wie Paulus und die anderen Verfasser der neutestamentlichen Schriften mit großer Selbstverständlichkeit auf die Schriften der Jüdischen Bibel zurück, um ihre Botschaft von Jesus Christus weiterzusagen. Immer wieder bezieht sich das Neue Testament auf »die Schrift« (vgl. Joh 2,2; Röm 11,2) oder zitiert ›das Gesetz und die Propheten‹ (vgl. Matth 5,17; Röm 3,21). Denn nach Auffassung der Autoren des Neuen Testaments ist das in Jesus Christus sicht- und spürbar gewordene Handeln Gottes nur im Horizont des alttestamentlichen Zeugnisses vom Handeln Gottes an und mit Israel verstehbar. Wie ein roter Faden zieht sich diese Überzeugung durch das Neue Testament: Christinnen und Christen brauchen das Alte Testament, um erfassen und bekennen zu können, was sich mit den Worten und Taten Jesu, des Messias, was sich am Kreuz auf Golgatha und am Morgen des Ostertags ereignet hat (vgl. Luk 24,13-35).

Christinnen und Christen halten also deshalb am Alten Testament fest, weil sie ohne diesen ersten Teil der Schrift Jesus Christus selbst und das Christentum nicht verstehen können.

Wer sich daran macht, das Alte Testament zu lesen, um Jesus Christus und den eigenen Glauben zu verstehen, macht bei der Lektüre vielfältige Entdeckungen.

Wer das Alte Testament liest, begegnet der Vielfalt menschlicher Existenz vor Gott. Hier werden Menschen geboren und Menschen sterben, sie lachen und weinen, danken und klagen. Es wird von Menschen erzählt, die mit Gott rechnen und mit ihm rechten, die zu Gott halten und an ihm verzweifeln, sich von Gott getrennt und von Gott getragen wissen. Gerade in der Vielfalt ihrer Lebenswirklichkeiten sind alle diese Menschen Ebenbild Gottes (vgl. 1.Mose 1,27).

Wer das Alte Testament liest, begegnet den Erzählungen von der Befreiung und Rettung des Volkes Israel. Durch diese Befreiung bezeugt Gott seine Treue zu seinem Volk, dessen er sich erbarmt (vgl. 2.Mose 3,7-8; 5.Mose 30,3), weil es nicht gefangen bleiben und in Unterdrückung leben soll.

Wer das Alte Testament liest, begegnet dem immer wieder neu zum Ausdruck gebrachten Willen Gottes, der zur Gerechtigkeit aufruft und zur Solidarität mit denen, die ungerechten oder rechtlosen Zuständen ausgesetzt sind (vgl. Jes 58,6f.). Die alttestamentlichen Texte rufen in Erinnerung, daß solche Zustände Gottes Willen nicht entsprechen. Sie geben Orientierung beim Eintreten für Gerechtigkeit und Freiheit und machen Einzelnen und der Gemeinschaft dazu Mut, für eine gerechtere Gesellschaft einzutreten.

Wer das Alte Testament liest, begegnet Texten, die das Staunen über und den Dank für Gottes gute Schöpfung zum Ausdruck bringen und die Hoffnung bezeugen, daß Gott seine Schöpfung dem von ihm bestimmten Ziel entgegenführt. Die Texte des Alten Testaments geben in besonderer Weise der Überzeugung Ausdruck, daß die Erwartung eines neuen Himmels und einer neuen Erde (vgl. Jes 65,17) keine leere Hoffnung ist, sondern konkrete Perspektiven eröffnet und Kräfte freisetzt. Im Hören auf Gottes Wort, das darauf zielt, in den Lebensalltag übersetzt zu werden (vgl. 2.Mose 24,7: »Alles, was der HErr gesagt hat, wollen wir tun und darauf hören.«), werden neue Lebenshorizonte eröffnet, Menschen werden davor bewahrt, sich von ihrer gegenwärtigen Wirklichkeit gefangennehmen und erschlagen zu lassen.

Christinnen und Christen halten also auch deshalb am Alten Testament fest, weil es sie in besonderer Weise ermutigt, ihr Leben in all seiner Vielfalt hier und jetzt vor Gott zu führen. Das Alte Testament erinnert sie an die unbeirrbare Treue Gottes gegenüber seinem Volk Israel und vermittelt entscheidende Einsichten und Haltungen gegenüber der Schöpfung und der erhofften Neuschöpfung, gegenüber Zeit und Geschichte, gegenüber Herkunft und Zukunft der Menschen.

Bei ihrer Lektüre des ersten Teils ihrer ›Heiligen Schrift‹ werden sich Christinnen und Christen daran erinnern, daß sie nicht die einzigen Leserinnen und Leser der ›Jüdischen Bibel‹ sind. Die Texte des christlichen ›Alten Testamentes‹ sind auch und zuerst Texte, die dem jüdischen Volk anvertraut (vgl. Röm 9,4) und von ihm überliefert wurden. Bis heute leben jüdische Männer, Frauen und Kinder aus und mit diesen Texten. Sie sind die Bibel des Judentums, das in einer ungebrochenen Kontinuität mit der biblischen Glaubensgemeinschaft und ihrer Geschichte steht. Daß die christlichen Ausleger des ›Alten Testaments‹ die Vielfalt der schon vor dem Aufkommen des Christentums entstandenen und durch die Jahrhunderte gewachsenen jüdischen Auslegungstradition viel zu lange ignoriert und vernachlässigt haben, gehört zur unheilvollen Geschichte der »Vergegnung« (Martin Buber) von Kirche und Israel. Auf diese Weise haben Christen nicht nur das Selbstverständnis des Judentums aus dem Blick verloren. Sie verstellten sich damit auch die Möglichkeit, den Reichtum der ›Hebräischen Bibel‹ zu erfassen – und Gottes Treue gegenüber seinem Volk in der gebotenen Weise zu würdigen.

Nicht zuletzt also halten Christinnen und Christen deshalb am Alten Testament fest, weil dieser erste Teil ihrer Heiligen Schrift sie mit dem jüdischen Volk verbindet. So nehmen sie ernst, was der Apostel Paulus in seinem Brief an die Römer festhält: »Nicht du trägst die Wurzel, sondern die Wurzel trägt dich« (Röm 11,18).

2. Ist das Alte Testament ein grausames Buch?

Jürgen Ebach

Zu den (Vor)Urteilen über die Bibel gehört, daß das Alte Testament ein grausames Buch sei. Gegenüber der angeblichen Grausamkeit des Alten Testaments wird dann nicht selten die Liebesbotschaft des Neuen Testaments betont, und ebenso oft gerät diese Meinung über die beiden Teile der Bibel zu einem Urteil über das Judentum, welches Rache und Vergeltung gutheiße, während das Christentum auf der Liebesbotschaft Jesu gründe. Die Gleichungen: Altes Testament = grausam / Judentum = Altes Testament führen zu dem (wenn die Voraussetzungen stimmten!) logischen Schluß: Judentum = grausam. Wenn noch eine weitere Verbindung zu Israels gegenwärtiger Selbstbehauptung hinzu addiert wird, gerät das Urteil über das Alte Testament rasch zu einer Wertung gegenwärtiger politischer Konflikte. Es handelt sich dabei um einen typischen Fall der Ebenenvermischung, wodurch ein scheinbar logisches und dennoch grundfalsches Urteil zustande kommt. Versuchen wir deshalb die Ebenen auseinander zu halten.

Die erste Rückfrage an die Frage, ob das Alte Testament ein grausames Buch sei, lautet: Kann ein Buch grausam sein? Und wenn ja, dann wie und unter welchen Bedingungen? Ist ein Buch grausam, wenn es Gewalt und Grausamkeit als ein Thema hat? Dann wäre das Alte Testament ein grausames Buch, aber ebenso Grimms Märchen, Homers Epen, Shakespeares Hamlet, das Strafgesetzbuch und das Tagebuch der Anne Frank. Oder ist ein Buch grausam, wenn es Gewalt und Grausamkeit billigt? Dann wäre das Alte Testament keineswegs eindeutig ein grausames Buch, wenngleich aus heutiger Sicht manche Vorschriften grausam anmuten. Aber dürfen wir gegenwärtige Empfindungen ohne weiteres auf Jahrtausende alte Schriften übertragen? Daß sich z.B. Strafen in unterschiedlichen Zeiten und Kulturen unterscheiden, zeigt ja nicht nur die Differenz zwischen Bibel und Gegenwart, sondern ebenso die zu viel weniger weit zurückliegenden Zeiten. Körperliche Züchtigung in Elternhaus und Schule in Form und Ausmaß, die heute in unserem Land als grausam empfunden werden, war noch vor wenigen Jahrzehnten üblich, und man muß nicht bis zum Mittelalter oder in die Länder der Scharia (islamisches Recht) blicken, um die Wandelbarkeit von Normen zu erkennen.

Die Frage, ob das Alte Testament ein grausames Buch sei, erfordert also auch eine historische Antwort. Aber sie trifft noch nicht den Kern der gegenwärtig empfundenen Problematik, die zu den genannten Kurzschlüssen führen kann.

Deshalb die weitere Rückfrage: Ist ein Buch grausam, wenn sich eine Gemeinschaft oder Religion zur Legitimierung grausamer Praxis auf dieses Buch beruft? Die Frage nach der Grausamkeit des Alten Testaments wird dann zur Frage nach der Gewalt in der Praxis jüdischer und christlicher Gemeinschaften, insoweit sie alttestamentlich legitimiert wird.

Prüfen wir diese Frage an zwei Beispielen, die als Belege alttestamentlicher (oder, wie man in solchen Fällen gern sagt: *alttesta-*

mentarischer) Gewalt sehr oft herangezogen werden, nämlich an den Eroberungskriegen der Frühzeit Israels einerseits und am »Auge um Auge« des alttestamentlichen Rechts andererseits.

Der zweite Fall ist eindeutig zu beantworten. Obwohl gerade das »Auge um Auge« (2.Mose 21,23ff.; 3.Mose 24,19ff.; 5.Mose 19,21) scheinbar für eine grausame Praxis spricht, zu der das Alte Testament aufrufe, zeigt ein genauerer Blick auf die Realität im jüdischen Recht geradezu das Gegenteil. Es gibt nämlich in der jüdischen Rechtspraxis keinen einzigen Beleg dafür, daß man ein Vergeltungsurteil mit dem Hinweis auf das alttestamentliche »Auge um Auge« gefällt hätte. Das an den genannten drei Stellen des Alten Testaments jeweils im Rahmen grundlegender Rechtssammlungen formulierte »Auge um Auge« – »Leben um Leben« zielt nicht auf eine Rechtspraxis, sondern ist eine normative Idee, die festhalten soll, daß man das, was man anderen antat, nicht durch Ersatzleistungen ›wieder gut machen‹ kann, daß lediglich ein Auge einem Auge äquivalent, daß nichts als Leben Leben gleich ist. Gerade spitzfindig erscheinende rabbinische Diskussionen (wenn nun das Auge des einen größer sei als das des anderen usw.) machen eine Durchführung praktisch unmöglich. In der Rechtspraxis Israels wurden Entschädigungen auferlegt und gezahlt, aber die Norm, die die Sozialkritik der Propheten aufnimmt, hält wichtige (und nach wie vor aktuelle) Prinzipien fest: Man kann nicht alles mit Geld in Ordnung bringen, und wenn in einer Gesellschaft, in der es Arme und Reiche gibt, das Geld zum Maßstab für alles wird, werden die Ungerechtigkeit und das Unrecht immer größer.

Das zweite Beispiel, das oft für alttestamentliche Grausamkeit angeführt wird, betrifft den Krieg. Auch hier bedarf es eines differenzierteren Urteils. Daß der Krieg im Alten Testament eine große Rolle spielt, hängt mit realen Erfahrungen zusammen. Darin unterscheidet sich das antike Israel ebenso wenig von den anderen Völkern des Altertums wie darin, daß man den Krieg mit dem Wirken Gottes bzw. der Götter in Verbindung brachte. Gerade im historischen Vergleich treten in den alttestamentlichen Kriegsgesetzen bemerkenswert humane Züge hervor, z.B. die Freistellung vom Kriegsdienst für die, die gerade ein Haus gebaut, einen Weinberg gepflanzt haben oder im Begriffe stehen zu heiraten, vollends derer, die schlicht Angst haben (5.Mose 20,5-8). Die (nicht nur) antike Parole »Süß und ehrenvoll ist es, fürs Vaterland zu sterben« und das Ideal des ›Heldentodes‹ sind dem Alten Testament fremd. Zu beachten ist auch die im Krieg gebotene Rücksicht auf die Bäume (5.Mose 20,19 mit deutlich ökologischer Begründung).

Kriege vor allem der Frühzeit Israels sind in besonderer Weise als Gottes-Kriege bezeichnet. Der Sieg über die Feinde wird ausschließlich auf Gottes Eingreifen zurückgeführt: Ein ›Gottesschrekken‹ ergreift die Feinde und läßt sie kopflos fliehen, Gestirne und Naturgewalten wirken mit, Trompeten können Mauern zum Einsturz bringen (z.B. 2.Mose 14f.; Josua 6; Richter 5; 1.Sam 7,7-12). Die Botschaft dieser Überlieferungen lautet: Gott ist nicht mit den stärkeren Bataillonen (vgl. besonders Richter 7). Auf diese Weise hat man weder reale Kriege geführt noch könnte man so Kriege führen. Die ›Landnahme‹ Israels fand historisch keineswegs so kriegerisch statt, wie das Alte Testament es darstellt. Gerade in der Schilderung des wunderbaren Eingreifens Gottes steckt Legitimationsentzug: Der Krieg soll nicht zum Mittel politischen Kalküls werden. (Das ist die harte Quintessenz von 1.Sam 15; Saul soll verwehrt sein, sich zum Kriegsherrn zu machen und aus dem Krieg Profit zu ziehen.) Das rabbinische Judentum hat in seiner großen Mehrheit die Landnahmekriege ausschließlich dieser Frühzeit zugeordnet. Die entsprechenden Texte dienten gerade nicht der Legitimierung späterer Kriegsführung aus politischem Machtinteresse, sie sind nicht ›anschlußfähig‹. Deshalb ist es historisch, politisch, soziologisch und theologisch nicht vertretbar, von der Verdrängung der Kanaanäer durch das frühe Israel eine kontinuierliche Linie zum gegenwärtigen Konflikt zwischen Israelis und Palästinensern zu ziehen (auch deshalb nicht, weil es keine Kontinuität von den Kanaanäern und Philistern zu den gegenwärtigen Palästinensern gibt; die Bezeichnung ›Palästina‹ verfügte der römische Kaiser Hadrian, um nach dem Jüdischen Krieg den Namen ›Israel‹ auszulöschen).

So ist es letztlich die grausame Urtümlichkeit der frühen Kriege des alttestamentlichen Israel, die sie als Modell realer Kriegsführung ausschließt. Wer die Normen dieser und nur dieser Kriege anerkennt, muß real zum Pazifisten werden.

Es gibt eine Ausnahme, nämlich den in 2.Mose 17,8-16; 5.Mose 25,17-19 behandelten Krieg gegen Amalek. Amalek ist ein historisch nicht greifbarer Stamm, der Israel feige in der Wüste angriff.

In der biblischen (im Esterbuch ist Haman, der die Juden ausrotten will, Nachkomme des Amalekiters Agag) und in der jüdischen Überlieferung wird Amalek zu dem Feind, der ganz Israel ausrotten will. Gegen diesen Feind, der die Auslöschung des jüdischen Volkes plant und durchführen will, ist Widerstand auch mit Gewalt geboten. Eine Gestalt Amaleks wurde der deutsche NS-Staat.

Ist das Alte Testament ein grausames Buch? Die Antwort ist nicht leicht und hängt vor allem davon ab, wann man ein Buch grausam nennen will. Das Gewaltproblem bleibt als Frage an die ganze Bibel (man lese nur die Johannesoffenbarung des Neuen Testaments), und es bleibt als Frage an die Menschheitsgeschichte. Das Judentum knüpft nicht undiskutiert und unreflektiert an das Alte Testament an, sondern fragt in den Diskussionen vor allem des Talmud jeweils genau danach, welche Texte in welcher Situation Geltung haben sollen und welche nicht. Gegenüber der Gewaltlinie überwiegt die Friedenslinie (in Anknüpfung an die großen Friedenshoffnungen z.B. von Jes 2; 11; Micha 4; Sach 9). Das letzte Wort von Mischna und Talmud ist das Wort »Frieden« (Gott »wird segnen sein Volk in Frieden«, Uzkin III,12). Die ›Beerbung‹ alttestamentlicher Gewaltlinien in den Kreuzzügen und im »Gott mit uns« der Koppelschlösser der Soldaten der Weltkriege gehört nicht zur jüdischen, sondern zur christlichen Tradition.

Literatur

Frank Crüsemann: »Auge um Auge...« (Ex 21,24f.). Zum sozialgeschichtlichen Sinn des Talionsgesetzes im Bundesbuch, in: Evang.Theol. 47 (1987) 411-426.

Jürgen Ebach: Das Erbe der Gewalt. Eine biblische Realität und ihre Wirkungsgeschichte, Gütersloh 1980.

Nortbert Lohfink (Hg.): Gewalt und Gewaltlosigkeit im Alten Testament, QD 96, Freiburg 1983.

Erich Zenger: Ein Gott der Rache? Feindpsalmen verstehen, Freiburg 1994.

3. Ist das Alte Testament ein patriarchalisches Buch?

Christl Maier

In gegenwärtigen Diskussionen um die Gleichberechtigung von Frauen wird auch das Alte Testament kritisch auf die Stellung der Frau hin befragt. Spiegelt es nicht eine Gesellschaft, in der ältere Männer die Geschicke der Gemeinschaft bestimmen, in der eine männliche Erbfolge vorherrscht und Frauen die Erziehungs- und Hausarbeit leisten? Bekannt sind aus dem Alten Testament und aus der jüdischen Tradition vor allem die Väter Israels und die rabbinischen Lehrer, Männer wie Abraham, Mose, David, Jesaja, Hiob und Rabbi Aqiba. In vielen Erzählungen spielen Männer die Hauptrollen, während Frauen nur passiv dargestellt werden. Wer kennt schon die Vorgängerin des berühmten Jeremia, die Prophetin Hulda (2.Könige 22,14-20)? Zahlreiche Frauen bleiben im Alten Testament namenlos, z.B. die weise Frau aus Abel-Bet-Maacha, die durch ihr Reden und Handeln die Belagerung ihrer Heimatstadt beenden kann (2.Sam 20). Frauen gehören, was Wohnort und Erbfolge betrifft, zur Familie ihres Ehemannes. Sie werden als Mütter von Söhnen geschätzt (Sprüche 31,28), geraten als Witwen aber leicht an den Rand der Gesellschaft (2.Mose 22,22; Jes 1,17). Ein weiterer Gesichtspunkt ist die häufige Darstellung Gottes in männlichen Rollen, als Hirte, Richter oder König. In einigen prophetischen Texten wird das Verhältnis Gottes zu seinem Volk im Bild einer Ehe gezeichnet: Gott wird die Rolle des treusorgenden Gatten zugeschrieben, dem Volk die Rolle der untreuen, mit anderen Männern »hurenden« Ehefrau (Hosea 1-3; Jer 3; Hesekiel 16; 23). Auch in den Warnungen vor der fremden Frau in Sprüche 1-9 erscheint die Frauengestalt als in sexueller Hinsicht ungezügelt und daher für Männer gefährlich. Schließlich ergeht schon über die erste Frau, Eva, der Gottesspruch, der Mann werde über sie herrschen (1.Mose 3,16).

Es gibt also für Männer und Frauen, die sich um eine neue Verhältnisbestimmung der Geschlechter bemühen, Grund zur Kritik am Alten Testament. Allerdings vermittelt ein moderner, durch Individualität und Gleichberechtigung geprägter Textzugang auch eine sehr einseitige Leseweise. Hinzu kommt, daß es in der christlichen Wirkungsgeschichte manche Engführungen gibt, beispielsweise das Bild Evas als Verführerin. Es wurde durch eine frauenfeindliche Geschlechterordnung und Abwertung menschlicher Sexualität der griechisch-hellenistischen Tradition geprägt. Auf diese einschränkende Deutung der Paradieserzählung wird in neutestamentlichen Texten zurückgegriffen, um Frauen aus der Gemeindearbeit zu verdrängen (1.Kor 14,34-35; 1.Tim 2,8-15) und sie der Herrschaft ihrer Ehemänner zu unterstellen. In der Paradieserzählung aber werden Eva und damit verbunden die weibliche Sexualität nicht negativ bewertet. Wer das Hohe Lied liest, wird eine positive Beschreibung von Erotik, von männlicher und weiblicher Sexualität und Körperlichkeit finden. Die jüdische Tradition sieht Eva vor allem als »Mutter alles Lebendigen« (1.Mose 3,20). Sie legt die Gottebenbildlichkeit beider Geschlechter (nach 1.Mose 1,26-28) als Gleichwertigkeit von Mann und Frau aus, wobei beide jedoch unterschiedliche soziale Rollen haben. So gilt die Frau als Schutz und Beistand des Mannes, ihre Wirkungsfelder sind das Haus und die Familie, vor allem die Erziehung der Kinder. Die Lehrer des Talmud räumen der Mutterrolle einen hohen Stellenwert ein und erweitern die Rechte der jüdischen Frau im Bereich der Familie über das in der Tora Gebotene hinaus. Das Loblied auf die tüchtige Frau in Sprüche 31,10-31 dient dabei als Vorbild. In Gebetbüchern der jüdischen Mystik (Kabbalah) steht der Name der um ihre Kinder weinenden Rahel (Jer 31,15) für die Schechina, die Gegenwart Gottes.

Nach 1.Mose 1,26-28 sind Mann und Frau gleichermaßen gottebenbildlich und zur Herrschaft, die sonst nur den Königen zukommt, bestimmt. Der damit ausgesagte gleichrangige Zugriff auf und die Verantwortlichkeit für die außermenschliche Natur ist bei aller inzwischen erreichten Gleichberechtigung für Frauen noch nicht vollständig eingelöst. Gewaltherrschaft von Menschen über andere Menschen ist in dieser Perspektive nicht möglich (vgl. 1.Mose 9,6; Richter 8,23), ja der Brudermord Kains, die Rache Lamechs (1.Mose 4) und die menschliche Bosheit führen zur Verderbnis der ganzen Erde (1.Mose 6,11f.) und in die Flut. Die Herrschaft des Königs über seine Untertanen wird durch die Gebote der Tora eingeschränkt (5.Mose 17,14-20). Gott stellt sich im Alten Testament auf die Seite der gesellschaftlich an den Rand Gedrängten, seien es Frauen (1.Mose 16; 21), Witwen und Waisen (2.Mose 22,22; 1.Kön 17,13-16), Sklaven und Sklavinnen (Jer 34,8-22), Fremde (2.Mose 22,21) oder Arme (2.Mose 22,25-27; 5.Mose 24,6-15). Daher ist es nur konsequent, daß gerade Frauen, nämlich Hanna (1.Sam 2) und Maria (Luk 1), Gott als denjenigen loben, der die Mächtigen vom Thron stürzt und die Geringen erhöht. Auch das Buch Hiob enthält eine Kritik an einem Weltbild, das den freien Mann und sein Wirken in den Mittelpunkt stellt: Der einst reiche und geschätzte Mann Hiob muß schmerzlich erfahren, daß die Bildung seiner männlichen Freunde ihn nicht trösten kann und daß sein Leid nicht im Zentrum der Welt steht. Gott antwortet ihm, indem er die überragende Größe seiner Schöpfung und seine Fürsorge selbst für die dem Menschen feindlichen Tiere hervorhebt (Hiob 38-39). Das Lied über die Weisheit (Hiob 28) zeigt auf, daß alles technische Wissen der Menschen letztlich nicht zur Weisheit Gottes führt. Mit dieser Erkenntnis kann Hiob für seine Freunde bitten (42,8) und nach seiner Wiederherstellung sein Erbe, gegen die patriarchalische Tradition, unter Söhnen und Töchtern aufteilen.

Die Vorstellung, daß Mann *und* Frau gottebenbildlich sind, hat auch Konsequenzen für das Gottesbild: In der Perspektive von 1.Mose 1 sind Sprachbilder, die Gott als gebärend (5.Mose 32,18) oder als Mutter (Jes 49,14-15; 66,12-13) beschreiben, ebenso legitim wie Bilder des Hirten (Ps 23) oder Königs (Ps 93). Einen weiteren Beitrag zum weiblichen Gottesbild leistet die personifizierte Weisheit. Als Mittlergestalt zwischen Gott und den Menschen ist sie bereits bei der Schöpfung gegenwärtig und regt den Schöpfer zu seinem Tun an (Sprüche 8,22-31). Sie ist zugleich den Menschen nahe und weist ihnen den Weg zu einem erfüllten Leben. Sie verkörpert als weise Ratgeberin, strenge Erzieherin und Prophetin vielfältige, über das Mutterbild hinausgehende Rollen israelitischer Frauen. Züge der Weisheitsgestalt sind in das jüdische Verständnis der Tora (Jes Sir 24) und in das Christusverständnis des Neuen Testaments (Matth 11,28-30; Joh 1; Kol 1,15-22) eingeflossen. 5.Mose 4,16 und Hos 11,9 (»denn Gott bin ich und nicht Mann«) halten darüber hinaus fest, daß Gott dennoch nicht in männlichen und weiblichen Rollen und Bildern aufgeht. Von dieser Perspektive aus ist auch eine Kritik am Bild der Ehe als Verhältnisbestimmung von Gott und Volk möglich. Diese Vorstellung wird in den prophetischen Texten eingesetzt, um den Zorn Gottes über sein abtrünniges Volk zu begründen und dessen Zerstörung zu rechtfertigen. Sie verfälscht jedoch weibliche Erfahrung und beschreibt weibliche Sexualität als Zerrbild. Daher darf sie nicht zur Legitimation hierarchischer Ehestrukturen herangezogen werden.

In der Auseinandersetzung mit den Religionen der Nachbarvölker wurden in das Bild des Gottes Israels auch Aspekte anderer Gottheiten aufgenommen, z.B. die Vorstellung des nährenden und schützenden Lebensbaumes (Hosea 14,8-9), der im Alten Orient eng mit der Göttin verbunden ist (vgl. Sprüche 3,18 in Bezug auf die Weisheit). Daneben steht freilich die Polemik gegen die Verehrung einer Göttin (Jer 7,17-19; 44; 2.Könige 21,2-3.7). Aufgrund dieser scheinbaren Verdrängung der Göttin bezichtigten einige Forscherinnen, die verlorenen Frauentraditionen nachspüren, das Alte Testament der patriarchalischen Überformung einer von Frauen bestimmten Gesellschaft und Religion. Diese These steht de facto in der Tradition des antijudaistischen Vorwurfs des Gottesmordes und ist sachlich falsch. Einerseits vereinfacht sie die Entwicklung der Religion des alten Israel hin zu einer ausschließlichen Verehrung JHWHs, indem sie Göttinnenverehrung mit Frauenbefreiung gleichsetzt, was im gesamten Alten Orient so nicht belegbar ist. Andererseits übersieht sie, daß es patriarchalische Gesellschaftsformen längst vor Entstehung der alttestamentlichen Texte gegeben hat.

Die Ausgangsfrage muß also differenziert beantwortet werden. Bezogen auf die ihm zugrundeliegende Gesellschaftsform ist das Alte Testament – wie auch das Neue Testament – ein patriarchalisches Buch. Es enthält aber Texte, die ein männerzentriertes Welt- und Gottesbild kritisieren und die zu einer Überwindung des Patriarchats ermutigen können. Dazu gehört auch, daß fremde und sozial schwache Menschen nicht weiter an den Rand gedrängt werden. Einige dieser Texte, wie die Paradieserzählung, müssen erst von ihrer eingrenzenden christlichen Wirkungsgeschichte befreit werden. Für manche Texte, z.B. solche, die die Ehemetapher verwenden, muß betont werden, daß Sprachbilder und menschliche Wirklichkeit zu trennen sind. Das Alte Testament bietet insgesamt ein Gottesbild, das Erfahrungen und Rollen von Männern und Frauen einbezieht, aber auch übersteigt. Es weist uns Christen und Christinnen darauf hin, daß ungerechte Herrschaft von Menschen über andere Menschen nicht dem Willen Gottes entspricht.

Literatur

Rachel Monika Herweg: Die jüdische Mutter. Das verborgene Patriarchat, Darmstadt 1994.
Silvia Schroer: Die Weisheit hat ihr Haus gebaut. Studien zur Gestalt der Sophia in den biblischen Schriften, Mainz 1996.
Helen Schüngel-Straumann: Denn Gott bin ich, und kein Mann. Gottesbilder im Ersten Testament – feministisch betrachtet, Mainz 1996.
Themenheft »Eva«, Bibel und Kirche 53 (1988), Heft 1.

4. Was ist das Neue am Neuen Testament?

Klaus Wengst

Läßt sich diese Frage nicht schnell beantworten? Steckt die Antwort nicht schon in ihr selbst, insofern eben das Neue – das Neue Testament selbst ist, in einer möglichen anderen Übersetzung: der neue Bund? Wäre also nicht einfach zu sagen: Das Neue am Neuen Testament besteht darin, daß nun der in Jeremia 31 verheißene neue Bund erfüllt und da ist? Aber gegenüber dieser Antwort stellen sich sofort Rückfragen ein. Einmal ist die Verheißung von Jeremia 31 an das Volk Israel gerichtet; sie setzt die diesem Volk vorher gegebenen Bundsetzungen Gottes nicht außer Kraft, sondern schließt an sie an. Sie kündigt an, daß Gottes Weisung, ohne daß Belehrung nötig ist, von innen heraus getan wird, weil sie den Menschen seines Volkes ins Herz geschrieben ist (V.32f.). Daß dieser Zustand in der christlichen Kirche erreicht sei, wird wohl von niemandem ernsthaft behauptet werden. Die gegebene Antwort ist offensichtlich zu schnell erfolgt.

Auch andere Antworten, die sich von der christlichen Tradition her einstellen könnten, führen nicht zum Ziel. So die, daß das Neue Testament ganz und gar die Liebe und das Erbarmen Gottes verkündige, während das Alte Testament die Gerechtigkeit und das Gericht Gottes betone. Das kann dann noch mit dem Schema verbunden werden, das Alte Testament sei eben Gesetz und das Neue Evangelium. Darüber wird an anderen Stellen dieses Buches ausführlicher gesprochen. Ich beschränke mich hier auf die Bemerkung, daß, wer so redet, weder das Alte noch das Neue Testament kennt. Beide sprechen von der Liebe und Gerechtigkeit Gottes. Und das ist gut so. Werden Liebe und Gerechtigkeit auseinandergerissen, hat das schlimme Folgen für beide. Gerechtigkeit ohne Liebe wird kalt und ist nicht davor geschützt, schließlich zur tötenden Gerechtigkeit zu werden. Liebe ohne Gerechtigkeit auf der anderen Seite wird blind gegenüber dem faktischen Unrecht werden. Und die Rede vom Gericht Gottes hält fest, daß es nicht gleichgültig ist, was wir tun, und daß nicht grauenhaftes Handeln von Menschen letzte Wirklichkeit setzt, sondern daß Gott das letzte Wort haben wird.

Ebenso wenig trifft es zu, daß erst das Neue Testament das Liebesgebot bringe, während dem Alten Testament die Vergeltung eigentümlich sei. Auch darüber wird an anderer Stelle mehr geschrieben. Es sei jetzt nur auf 3.Mose 19,18.34 hingewiesen. Und natürlich ist die Sündenvergebung nicht etwas Neues im Neuen Testament. Man lese nur Psalm 103.

Der Glaube an die Auferstehung der Toten begegnet im Alten Testament nur an wenigen Stellen; er ist dort grundgelegt. Ihn teilen Jesus und Paulus mit den Pharisäern und mit der Mehrheit des jüdischen Volkes im ersten Jahrhundert (Mark 12,18-27 par.; Apg 23,6-9). Was aber tatsächlich neu ist, ist der ›Grundsatz‹ des Neuen Testaments, »daß Gott Jesus von den Toten auferweckt hat«, daß also von einem Menschen, der gestorben, ja elend hingerichtet worden ist, nicht gesagt wird, er sei wiederbelebt worden, so daß er den Tod noch einmal vor sich hat, oder Gott werde ihn einst auferwecken, sondern er habe ihn schon so auferweckt, daß er den Tod ein für allemal hinter sich hat. Aber auch diese Aussage setzt spezifische Erfahrungen Israels mit seinem Gott voraus und konnte so nur in Israel gemacht werden.

Daß Gott Jesus von den Toten auferweckt hat, ist nicht verstanden im Sinne eines Modells, daß Gott an Jesus schon einmal gezeigt habe, daß er das kann: Tote auferwecken. In 1.Kor 15,20 bezeichnet Paulus den auferweckten Christus als »Erstlingsfrucht der Entschlafenen«. Die »Erstlingsfrucht« repräsentiert das Ganze, von dem sie genommen ist (vgl. 5.Mose 26,1-11). Wenn demgemäß Jesus als Auferweckter »die Entschlafenen« repräsentiert, heißt das, daß seine Auferweckung die für die Endzeit erhoffte Auferweckung der Toten schon einbegreift. In seiner Auferweckung hat Gott endzeitlich-neuschöpferisch gehandelt, ist die Endzeit schon angebrochen und neue Schöpfung entstanden. Für diese Endzeit aber ist Gottes heiliger Geist verheißen (vgl. Joel 3; vollständig aufgenommen in Apg 2,17-21). Und das kann als die Grunderfahrung der frühen, sich auf Jesu Auferweckung beziehenden Gruppen und Gemeinden bezeichnet werden: Gottes Geist wirkt unter ihnen und äußert sich in mannigfaltigen Erscheinungen.

Als Wirkung dieses Geistes Gottes wurde es dann auch verstanden, daß Menschen aus den Völkern der Botschaft von Jesus Glauben schenkten, als sie von griechisch sprechenden Juden außerhalb des Landes Israel verkündigt wurde. Weil damit Gott selbst sie durch seinen Geist dazu bewegte, »sich von den Götzen zu Gott zu wenden, um dem lebendigen und wahrhaftigen Gott zu dienen« (1.Thess 1,9), hielt man es nicht für angemessen, daß diese Menschen – soweit sie Männer waren – sich auch noch nachträglich beschneiden lassen, also Juden werden mußten. In den Gruppen, die sich nun unter Bezug auf Jesus bildeten, gehörten sie ganz dazu, waren sie keine Randsiedler. In dieser Weise galt, was Paulus z.B. in 1.Kor 12,13 schreibt: »In *einem* Geist sind wir alle in *einen* Leib hinein getauft worden, seien es Juden oder Griechen, seien es Sklaven oder Freie; und alle sind wir mit *einem* Geist getränkt worden.«

Jüdinnen und Juden in diesen neuen Gruppen und Gemeinden setzten aufgrund der neuen Botschaft von der Auferweckung Jesu wie die hinzugekommenen Menschen aus den Völkern ihre Hoffnung auf Jesus, »der uns retten wird aus dem kommenden Zorngericht« (1.Thess 1,10). Sie hatten damit nicht »mehr« und »Besseres« als andere Jüdinnen und Juden, die sich dafür auf Abraham oder »die Väter« überhaupt beriefen. Auf diese konnten sich Menschen aus den Völkern in jüdischer Sicht aber nur beziehen, wenn sie sich in das Gottesvolk Israel integrieren ließen und also Juden wurden. Ihnen bot die Verkündigung von der Auferweckung Jesu eine andere und neue Möglichkeit an.

Das also ist das Neue am Neuen Testament: daß wir Menschen aus den Völkern – ohne jüdisch werden zu müssen – durch Jesus Christus im heiligen Geist uns von den Götzen abwenden können und dem *einen* Gott, dem Gott Israels, zuwenden dürfen, um einzustimmen in sein Lob und teilzuhaben an der Hoffnung, die er schenkt. Das setzt uns auch in Beziehung zu seinem Volk Israel. Darüber wird in diesem Buch vielfach gesprochen. Die Perspektive für die Gestaltung dieser Beziehung sollten wir uns von Paulus vorgeben lassen: »Freut euch, ihr Völker, mit seinem Volk!« (Röm 15,10)

5. Das Neue Testament, ein Buch gegen Juden und Jüdinnen?

Luise Schottroff

Das Neue Testament ist zu einer Zeit entstanden, als es noch kein ›Christentum‹ im heutigen Sinne des Wortes gab. Die Menschen, die im Neuen Testament zu Wort kommen, waren ausnahmslos Juden und Jüdinnen oder Proselyten und Proselytinnen, d.h. Leute, die von Geburt her aus einer anderen Religion stammten, dann jüdische Gemeinden kennengelernt hatten und aus Zuneigung beschlossen, jüdisch zu leben.

Im Neuen Testament sind also Glaubenszeugnisse jüdischer oder jüdisch lebender Menschen aufgeschrieben. Wir müssen fragen, wie sie selbst ihr Christlich-werden und Christlich-sein verstanden haben. Ich möchte das an Paulus erläutern, weil wir von ihm die markanteste Biographie in dieser Hinsicht kennen. Wir wissen auch aus seinen eigenen Briefen, daß er als junger Mann ein scharfer Gegner der Anhängerschaft Jesu war, die Jesus für den Messias des Volkes Israel hielt. Er hat Männer und Frauen der Jesusbewegung ins Gefängnis bringen und sie bestrafen lassen. Durch eine Jesusvision ändert Paulus seine Meinung grundsätzlich. Er wird nun selbst zum Anhänger Jesu Christi und lebt für den Rest seines Lebens als von Gott berufener Bote, der die Botschaft von der Auferstehung des Gekreuzigten unter den ›Heiden‹, das heißt den Völkern der Mittelmeerwelt, die nicht jüdisch waren, predigte. Seine sogenannte ›Bekehrung‹ war eine Berufung zum Missionar Christi unter den Völkern. Paulus verstand sich auch nach seiner Berufung uneingeschränkt als Jude.

Während seines langen Weges als Prediger des Evangeliums von Jesus Christus nahm er nun seinerseits Bestrafungen durch jüdische Synagogengemeinden in Kauf (2.Kor 11,24). Er hätte ohne jede Schwierigkeit die Synagogengemeinden verlassen können – einfach nicht mehr zu ihnen hinzugehen hätte genügt. Niemand hätte ihn dann verfolgt. Aber er wollte Jude sein und jüdisch leben in Gemeinschaft mit anderen Juden und Jüdinnen. Der Konfliktstoff zwischen Christen wie Paulus und anderen jüdischen Gruppierungen war derselbe, der auch schwere Spannungen zwischen christlichen Gruppen hervorrief. Es ging um Fragen der jüdischen religiösen Praxis, die innerhalb des vielfältigen Judentums dieser Zeit kontrovers diskutiert wurden. So ging es um die Frage, ob Männer nichtjüdischer Herkunft, wenn sie Christen werden, beschnitten werden sollen, oder ob eine Mahlgemeinschaft zwischen jüdischen und nichtjüdischen Menschen, die sich nicht an die jüdischen Speisevorschriften halten, gegen die religiösen Vorschriften des Judentums verstößt (Gal 2,11-14).

Das Neue Testament besteht also aus Glaubenszeugnissen jüdischer oder jüdisch lebender Menschen, die gerade nicht die Absicht haben, den Zusammenhang mit Synagogengemeinden aufzugeben, und die sehr darunter leiden, wenn sie in den Synagogen Konflikte durchstehen müssen oder gar herausgeworfen werden. Wir Christen und Christinnen haben uns lange Zeit das Judentum zur Zeit des Neuen Testaments als eine einheitliche und zentralistische Größe vorgestellt. Es bestand aber aus vielfältigen Gruppierungen, die untereinander auch durchaus kontrovers waren und über die Lebens- und Überlebensfragen des Judentums stritten.

Das jüdische Volk in seinem Mutterland wurde von den damaligen Herren der Welt – den Kaisern in Rom – politisch unterdrückt und ökonomisch ausgebeutet. Die wachsende Armut und die Angst vor einem großen römisch-jüdischen Krieg beherrschte die Menschen in den Jahrzehnten des ersten Jahrhunderts. Der römisch-jüdische Krieg 66-70 n.Chr. endete für das jüdische Volk in der lange befürchteten politischen Katastrophe. Der Tempel in Jerusalem wurde zerstört, die Bevölkerung wurde großenteils getötet oder in ferne Länder in die Sklaverei verschleppt. Im Lande blieb ein Rest jüdischer Menschen übrig, die unter harter römischer Herrschaft ihr Leben neu aufbauen und verteidigen mußten. Die Härte der Auseinandersetzungen zwischen der Anhängerschaft Jesu und anderen jüdischen Gruppierungen muß auf diesem historischen Hintergrund gesehen werden. Die pharisäische Reinheitspraxis war z.B. ein Element in der Verteidigung des Jüdischseins, der jüdischen Identität im Alltag. Die Kritik Jesu an dieser Praxis traf darum pharisäisch lebende Familien, die sorgfältig auf die kultische Reinheit ihrer Mahlzeiten achteten, hart. Diese Reinheit war schließlich Ausdruck ihres Widerstandes gegen den römischen Anpassungsdruck. Jesu Kritik an der pharisäischen Reinheit war nicht antijüdisch und nicht proрömisch, sondern Ausdruck einer anderen Vorstellung davon, wie jetzt in dieser Situation der Wille Gottes im Sinne der Tora zu befolgen sei (Mark 7,15.21-23).

Die christliche Tradition, das Neue Testament zu lesen, ist immer stillschweigend von der Entgegenstellung Judentum gegen Christentum ausgegangen. Die späteren Verhältnisse, als Judentum und Christentum zwei unterschiedliche Religionen waren, wurden in das Neue Testament hineingelesen. Diese Lesetradition versteht gleichsam automatisch jüdische Menschen als ›Gegner‹ Jesu. Und entsprechend werden Jesus, Paulus und die Anhängerschaft Jesu als Vorstufe der späteren Kirche im Gegensatz zum Judentum verstanden. Die Folge ist eine in der Wurzel antijudaistische Lektüre des Neuen Testaments. Heute lernen Christen und Christinnen das Neue Testament auf neue Weise zu lesen. Es ist – wie gezeigt – historisch unzutreffend, das Neue Testament als Buch gegen Juden und Jüdinnen zu lesen. Es ist aber auch theologisch fragwürdig, denn damit sind die Verachtung und Ablehnung des Judentums, manchmal sogar der Haß auf die jüdische Religion Bestandteile des christlichen Glaubens geworden.

Wenn Christinnen das Neue Testament als von seiner Herkunft her jüdisches Buch lesen, sollten zwei Gedanken ständige Begleiterinnen sein: 1. Die Christentumsgeschichte ist auch eine Geschichte der Gewalt gegen Jüdinnen und Juden bis hin zur Shoa. Diese Gewalt gehört zu unserem bitteren Erbe. Wir müssen sie beim Namen nennen. Der Zugang zum Neuen Testament kann nur dann ein ehrlicher Zugang sein, wenn wir sehen, daß unsere Gewaltgeschichte uns nicht nur vom Judentum, sondern auch vom Neuen Testament trennt. 2. Wir sind Christen und Christinnen und nicht Jüdinnen und Juden. Die Menschen, die im Neuen Testament zu Wort kommen, waren Jüdinnen und Juden und Proselyten und Proselytinnen. Wir sollten nicht versuchen, mithilfe des Neuen Testaments unsere Identität zu wechseln, gleichsam zu modernen Judenchristen und Judenchristinnen zu werden. Unsere Geschichte trennt uns von vielem, was im Neuen Testament bewahrt ist. Uns ist z.B. die Frage des Götzenopferfleischs fremd geworden (1. Kor 8-10). Ich verstehe die Menschen, die im Neuen Testament sprechen, als meine jüdischen Brüder und Schwestern, von denen ich lernen kann. Das Neue Testament ist wie die Hebräische Bibel ein Buch über die Gerechtigkeit. Das Jesuswort »die Letzten werden die Ersten sein« (Matth 20,16) kann als ein roter Faden durch das ganze Neue Testament benutzt werden. Der Jude Jesus, die Jüdin Maria Magdalena, die Proselytin Lydia und der Jude Paulus sind unsere Lehrer und Lehrerinnen der Gerechtigkeit. Das Geheimnis der Gegenwart Jesu bei den Seinen nach seinem Tod ist eine Kraftquelle, deren Wirken im Neuen Testament erkannt werden kann und deren Kraft überspringen kann auf uns Leserinnen und Leser nach 2000 Jahren.

Gott

1. Glauben Juden und Christen an denselben Gott?

Matthias Millard

»Ich glaube an den Gott Israels« – mit diesem Bekenntnis im Titel dieses Buches ist die Frage für den Herausgeberkreis und wohl auch für alle Autoren dieses Bandes aus christlicher Sicht mit einem eindeutigen ›Ja‹ beantwortet.

Klären wir vorweg ein mögliches Mißverständnis der Frage: Es kann in dieser Frage nur um spezielle jüdisch-christliche Gemeinsamkeiten im Bekenntnis Gottes gehen, denn auf der grundsätzlichen Ebene gibt es für Monotheisten – egal welcher religiösen oder weltanschaulichen Herkunft – ohnehin nur einen Gott, ist die besondere Gemeinschaft des Bekennens Gottes von Juden und Christen nicht erfaßbar.

Die zustimmende Antwort auf diese Frage ist aus christlicher Perspektive schon durch die Form der Überlieferung des Neuen Testaments als Anhang zur jüdischen Bibel, dem christlichen Alten Testament, vorgegeben: ›Gott‹ ist im Neuen wie im Alten Testament in seiner griechischen Übersetzung derselbe Begriff. Inhaltlich bedeutet das: Das Neue Testament versteht sich als eine Fortschreibung der Gottesgeschichte des Alten Testaments. Entsprechend nimmt das Neue Testament auch die Vorstellungen von Gott auf, die im Alten Testament geprägt sind. Selbst das, was im Neuen Testament neu hinzukommt, vor allem das Bekenntnis zu Jesus Christus, ist in Sprache und Denken vom Alten Testament her geprägt: Dasselbe Wort und dieselbe Abkürzung, die im griechischen Text des Neuen Testamentes als Titel für Jesus gebraucht werden, werden in der vorangestellten griechischen Übersetzung des Alten Testaments für den Namen Gottes verwendet. Einen Eindruck, wie dieser (griechische) Text aussieht, umschreibt ein Lied im Philipperbrief: »(Jesus) erniedrigte sich selbst ..., darum hat ihn Gott erhöht und hat ihm den Namen gegeben, der über allen Namen ist« (Phil 2,8f.). Der Titel Jesu »Herr«, *kyrios*, wird in diesem Lied mit dem heiligen, unaussprechlichen Gottesnamen identifiziert, da dieser Begriff ›*kyrios*‹ schon im Alten Testament als Ersatz des Gottesnamens JHWH verwendet wird. Christlicherseits sind die Dinge damit einfach: Für Christen ist Gott auch in der speziellen Weise, wie sie ihn bekennen, mit dem einen Gott identisch, der schon im Alten Testament bezeugt ist und der auch der Gott ist, an den Juden glauben.

Aus jüdischer Sicht stellt sich die Frage des gemeinsamen Glaubens von Juden und Christen an einen Gott nicht in derselben Art und Weise wie im Christentum: Nur für das Christentum als Absonderung, d.h. als Sekte des Judentums, war es von Anfang an notwendig, den eigenen neuen Glauben gegenüber dem alten zu profilieren. Jüdischerseits (wie auch islamischerseits) wird der christliche Glaube nicht als Götzendienst angesehen. Grundsätzlich wird damit anerkannt, daß der christliche Glaube auf den wahren und einzigen Gott zielt. Schon diese Aussage ist sehr beachtlich, weil sie voraussetzt, daß Juden beispielsweise selbst hinter der für sie anstößigen christlichen Bilderverehrung einen Grundbestand des Glaubens an den wahren Gott entdecken. So können mittelalterliche jüdische Religionsphilosophen das Christentum wie auch den Islam positiv bewerten, weil sie den jüdischen Monotheismus weiter verbreitet haben.

Diese Nähe von jüdischem und christlichem Glauben an den einen Gott will ich hier nicht am streitigen Feld der Lehre von Jesus Christus erläutern, die zwar auch Elemente jüdischer Theologie enthält, aber als solche kein mögliches Thema jüdischer Gotteslehre ist. Ich möchte vielmehr auf Gemeinsamkeiten in der Gotteslehre hinweisen: Die Lehre von den Eigenschaften oder Attributen (so der jüdische Ausdruck) Gottes, die jüdischer- wie christlicherseits biblischen Geschichten entnommen ist. Für Juden und Christen hat sich Gott durch seine biblisch überlieferte Geschichte bekannt gemacht: Gott ist der, der die Welt erschaffen hat, der Israel erwählt und zum Volk gemacht hat, der durch Mose gesprochen, Israel zum verheißenen Land verholfen, durch Propheten gesprochen und der sein Volk ins Exil geführt hat. Seine Geschichte mit seinem Volk wie mit der gesamten Welt geht weiter, da seine Verheißungen bleibend gültig und viele noch nicht erfüllt sind. Das, was jüdischerwie christlicherseits als Eigenschaften Gottes beschrieben wird, leitet sich von diesen Geschichten ab und muß sich an dieser Gottesgeschichte messen lassen. Dadurch, daß die jüdische Bibel das Alte Testament der Christen ist, sind auch viele Eigenschaften, die Juden und Christen Gott beimessen, vergleichbar. Diese urspunghafte Identität der gemeinsam geglaubten Gottesgeschichte ist es, die jüdischen und christlichen Glauben an Gott bleibend verbindet. Wieder ist es innerhalb der klassischen Weltreligionen nur der Islam, der entsprechend seiner ausschnittsweisen Aufnahme der Bibel als nächstmögliche Erweiterung der engen Gemeinschaft von Juden und Christen sehr ernsthaft zu erwägen ist. Für eine solche Erweiterung spricht nicht zuletzt auch die starke Beeinflussung verschiedener mittelalterlicher jüdischer Gotteslehren durch die islamische Theologie.

Das Nachzeichnen der biblischen Geschichte zeigt aber auch, wie lückenhaft die etablierten christlichen Bekenntnisse in der Aufnahme biblischer Gottesvorstellungen sind: Als Extrakt biblischen Redens von Gott sind die Bekenntnisse von den biblischen Geschichten selbst her zu prüfen und zu ergänzen. Von jüdischem Bekennen Gottes als einer anderen Zusammenfassung der biblischen Gottesgeschichte können Christinnen und Christen daher ihre eigene Lektüre der Bibel überprüfen: Wie halten wir Christen es mit dem Bekenntnis zu Gott als dem Befreier aus Sklaverei, wie es zentraler Gegenstand jüdischen Bekenntnisses zu Gott ist? Wie ist es mit der Einsicht, daß ein Bekenntnis zum Gott der Bibel diesen auch als Begründer von Ethik und Recht anzusprechen hat? Wie stehen wir zu speziell auf Israel bezogenen biblischen Verheißungen Gottes? Was lernen wir daraus, daß die Erfüllung vieler biblischer Verheißungen Gottes weiter aussteht? Alle diese Fragen reißen Aspekte biblisch begründeten Bekenntnisses zu Gott an, die in der jüdischen Tradition sehr zentral sind, aber christlicherseits traditionell eher am Rande liegen und erst von moderner Theologie als zentrale Elemente des Redens von Gott gewissermaßen entdeckt wurden. Die Einsicht, daß Juden und Christen denselben Gott bekennen, eröffnet so Perspektiven auf andere biblisch fundierte

Wahrnehmungen Gottes jenseits der ausgetretenen Trampelpfade altkirchlicher Bekenntnisse.

Diese christliche Selbstprüfung des eigenen Bekenntnisses ist keineswegs nebensächlich und betrifft nicht nur mögliche Ergänzungen. Selbst das Herzstück des christlichen Gottesbekenntnisses, die Trinitätslehre, steht nicht nur im jüdisch-christlichen Gespräch aufgrund des deutlichen jüdischen Widerspruches zur Debatte, sondern ist angesichts ihrer wenig überzeugenden biblischen Begründung auch notwendig innerchristlich zu vertiefen. Es geht dabei christlicherseits weder um vermeintlich identitätssichernde Besitzstandswahrung noch um einen dialogisch motivierten Besitzverzicht, sondern um eine notwendige innerchristliche Selbstprüfung, die durch das christlich-jüdische Gespräch lediglich angeregt wird. Die Betonung der Einheit Gottes im jüdischen Bekenntnis ist nicht nur aus den biblischen Texten gewonnen, aus denen sich das Bekenntnis des »Höre Israel« zusammensetzt (5.Mose 6,4ff.; 11,13ff.; Num 15,37ff.). Es nimmt auch die widersprüchliche Gotteserfahrung auf, wie sie beispielsweise Abraham in der Geschichte von der Bindung Isaaks (1.Mose 22) erfährt: Was ist das für ein Gott, der den von ihm selbst verheißenen Sohn gefährdet? Das jüdische Bekenntnis zu dem einen Gott ist ein tägliches Ringen um die Einheit Gottes trotz durchaus unterschiedlicher und widersprüchlicher Gotteserfahrungen. Wir Christen sind schnell bereit, solche Spannungen im Gottesbild mit Hilfe der christlichen Trinitätslehre darzustellen: aus Spannungen in unserer Wahrnehmung Gottes wird ein innergöttliches Gespräch, ja sogar Begriffe zur Beschreibung menschlicher Verhältnisse wie der der ›Person‹ werden zur Beschreibung einer vielfältigen Wahrnehmung Gottes verwendet. Jesus offenbart den liebenden Gott, Gott als Vater steht dann für den rächenden Gott, jede Person der göttlichen Trinität hat so ihren ›Arbeitsbereich‹: Merken wir Christen nicht, wie klein wir Gott hier machen? Der jüdische wie muslimische Protest gegen die leichtfertige Vermenschlichung in mancher christlichen Darstellung Gottes hat sein Recht!

An dem jüdischen Ernst des Ringens um die Einheit Gottes muß sich das christliche Bekenntnis zum dreieinigen Gott messen lassen, aber es wird ihm, richtig verstanden, auch gerecht: Das Leiden Gottes an der Welt beispielsweise ist nicht nur eine Aussage über

Jesus Christus, sondern betrifft Gott ganz. Auch im jüdischen Verständnis leidet Gott selbst mit, beispielsweise, als sein Volk ins Exil geht. Daß solche Aussagen über Gott im Islam nicht möglich sind, markiert eine Bruchlinie zwischen dem jüdisch-christlichen und islamischen Glauben.

Der Satz »Ich glaube an den Gott Israels« ist für Christinnen und Christen nicht nur durch die historische Verwurzelung ihres Glaubens im Judentum eine notwendige Ergänzung ihres Bekenntnisses: Der christliche Glaube erhält durch das Bedenken jüdischer Wahrnehmung Gottes zusätzliche wichtige Anregungen zu seiner eigenen Vertiefung auf biblischer Grundlage.

Literatur

Es gibt viele jüdische Darstellungen der Gotteslehre, die einen Aspekt jüdischen Glaubens hervorheben und damit viel über die Position des Autors sagen (z.B. Abraham Heschel, Gott sucht den Menschen, oder Martin Buber, Zwei Glaubensweisen). Diese sind wichtig, aber als übergreifende Einführung in eine jüdische Gotteslehre empfehle ich:

Schalom Ben-Chorin: Jüdischer Glaube. Strukturen einer Theologie des Judentums anhand des Maimonidischen Credo, Tübinger Vorlesungen, 2. Aufl., Tübingen 1979 u.ö.

Einen theologischen Vergleich, der jüdischen Texten in vorbildlicher Weise ihre Sinnstruktur läßt, bietet:

Peter von der Osten-Sacken: Katechismus und Siddur. Aufbrüche mit Martin Luther und den Lehrern Israels, Veröffentlichungen aus dem Institut Kirche und Judentum 15, 2. Aufl., Berlin 1994.

2. Wie verhält sich die christliche Lehre vom dreieinigen Gott zur jüdischen Betonung der Einheit Gottes?

Friedrich-Wilhelm Marquardt

Nach meiner Erfahrung sind Christen und Juden tiefer in der Gottesfrage voneinander entfernt als in der Frage, ob Jesus ›der‹ Messias sei. Im Verständnis Gottes nämlich geht es um Grunderfahrungen und Grundverständnisse, über die sich kaum diskutieren läßt. Da spielt eine Unmittelbarkeit zu Gott eine Rolle, die man nicht vermitteln kann; deswegen sollten wir um so mehr versuchen, uns einander wenigstens verständlich zu machen und gar nicht erst eine Wahrheitsfrage aufzuwerfen: Wer hat ein ›richtiges‹, wer ein weniger richtiges, gar ein ›falsches‹ Verständnis von Gott? In der Gottesfrage können wir, dazu von der Bibel angeleitet, nur beten und wünschen: »Der Herr sei *zwischen* dir und mir« (z.B. 1.Sam 20,42. 23 u.ö.). Damit ist schon gesagt, daß ich für eine der fragwürdigsten Aussagen im christlich-jüdischen Verhältnis die oft gemachte halte: Juden und Christen seien vereint im einen Gott. Daran läßt sich mit Fug und Recht zweifeln, und wir sollten das erst wiederholen, wenn wir diese von beiden Seiten möglichen Zweifel an uns herangelassen haben. Stein des Anstoßes bleibt eigentlich für alle Juden das christliche Bekenntnis zum *dreieinigen* Gott. Soweit ich es verstehe, aus folgenden Gründen:

Es ist für Juden schwer verständlich, warum Christen ein Ergebnis theologischer Reflexion behandeln können wie eine Offenbarung, wie ein Zeugnis Gottes von sich selbst. Juden haben recht, wenn sie sagen: In keinem biblischen Zeugnis – auch keinem des Neuen Testaments – findet sich eine Bestimmung über ein ›Wesen‹ Gottes, das in drei ›Personen‹ lebendig ist; auch in anderen Worten und Gedanken stoßen wir in der Bibel nicht annähernd auf so etwas wie einen Glauben an Gott, den Vater, der innerlich identisch ist mit einem ewigen Sohn Gottes und einem ewigen Geist. Wenn in der Bibel vom Geist Gottes die Rede ist (unter dem Namen des »Geistes der Heiligung«, hebr.: *ruach ha kodesch*) ist eine von Gott den Menschen gegebene Kraft gemeint, aber nicht eine ›Person‹ in Gott.

Verstehe ich recht, befremdet es Juden, wie Christen etwas, was sie allenfalls aus einer Notwendigkeit ihres Denkens hervorbringen, als eine Wirklichkeit des göttlichen Seins behaupten können. Und ganz verschlossen ist ihnen, daß dabei von einem *Willen* Gottes gegenüber uns Menschen, unserem Gehorsam und unserem Handeln mit keinem Wort die Rede ist, Gott also nur als ›Wesen‹, aber nicht als Wille bekannt wird. Das empfinden sie als heidnisch. Denn für sie ist Gott in der Hauptsache durch Halacha bestimmt: durch seine Weisungen an unser menschliches Tun. Gewiß machen sich auch Juden ihre Gedanken über Gott, aber die kleiden sie lieber in Geschichten ihrer Haggada als in theologische Sätze und Begriffe. Schon rein formal sind dies erhebliche Einwände: gegen die *Art und Weise*, wie wir Christen uns der Gottesfrage nähern.

Vor allem erhebt sich gegen die christliche Dreieinigkeitslehre der Protest des ›monotheistischen‹ Judentums – ein Nein, das Juden mit Muslimen, so manchen abendländischen Philosophen, auch nicht wenigen christlichen Kritikern der kirchlichen Theologie teilen. Es ist uns Christen bisher nicht überzeugend der Nachweis gelungen, daß unser Bekenntnis zum dreieinigen Gott sich auf den einzigen und in sich einen Gott bezieht und jedenfalls nicht auf drei Götter. Die Christen haben dies zwar von Anfang an und immer wieder beteuert, haben zu erklären versucht, daß sie mit der Trinitätslehre gerade die innere Einheit Gottes sichern wollten. Aber wir haben mit solchen Beteuerungen die Bedenken nicht ausräumen können und sollten darum umgekehrt versuchen, Gründe für diese Bedenken vielleicht besser zu verstehen als bisher.

Am christlich-jüdischen Gespräch beteiligt, können wir nämlich lernen, daß jüdischer ›Monotheismus‹ nicht gleichbedeutend ist mit einer abstrakten Theorie. Nach jüdischer Erkenntnis ist Gott eine innerlich reiche, bewegte, höchst lebendige Wirklichkeit, affektgeladen und spannungsreich. Aber alle solche auch in der Bibel bezeugten, manchmal menschlich-allzumenschlich scheinenden Affekte – Zürnen, Lieben, Hassen, Verdammen, Lachen, Trauern, Weinen – bezeichnen im Judentum Verhaltensweisen Gottes zu Menschen. Gewiß wurden einige Verhaltensmotive Gottes auch ›hypostasiert‹, d.h. gedanklich in die Höhe seines ewigen Lebens hinaufgestellt und wie selbständige Mächte oder Wesenheiten bei Gott und neben ihm gedacht, als seine Helfer: z.B. die *ruach* (der Geist), die *Schechina* (die Dabeiseinsweise oder die Begleiterin Gottes bei seinem Volk Israel); aber nie hat das Judentum Affekte und Hilfskräfte Gottes zu selbständigen ›Personen‹ stilisiert und in Gott hineingedacht. Freilich läßt sich vermuten, daß Christen später in dieser jüdischen Richtung nur einen kleinen Schritt weitergegangen sind; und obwohl wir Menschen von heute eher damit rechnen müssen, daß auch wir nicht mehr genau verstehen können, was die alten christlichen Lehrer der Trinität in ihren griechischen und lateinischen Ausdrücken unter einem ›Wesen‹ oder einer ›Person‹ verstanden (sicher etwas anderes als wir heute), müssen wir doch auch damit rechnen, daß nur ein ›kleiner Unterschied‹ zwischen jüdischem und christlichem Sprechen von Gott in Wahrheit Welten voneinander scheidet.

Heute können wir lernen, daß zwischen jüdischem Monotheismus und christlichem Trinitätsbekenntnis nicht nur ein *Begriffsunterschied* klafft, besser: daß wir diesen Unterschied nicht theologisch und durch Denkanstrengungen überbrücken können. Tiefe *Lebenserfahrungen* trennen uns hier voneinander, und es wäre für uns beide schon viel gewonnen, wenn wir die Lebensbedingtheiten unserer verschiedenen Auffassungen von Gott erkennen und anerkennen könnten. Wahrscheinlich böte gerade das eine Hilfe zu einer tieferen Annäherung als bisher. Denn wo Gedanken trennen, kann Lebensaustausch verbinden.

Philosophische Elemente am Einheitsdenken des Monotheismus spielen gewiß auch im jüdischen Monotheismus mit. Maimonides, einer der großen jüdisch-spanischen Denker des Hochmittelalters, hat davon kräftig Gebrauch gemacht – wie genauso bei uns bedeutende scholastische Lehrer dieser Zeit. Das Philosophische bildet also keinen entscheidenden Gegensatz. Der Unterschied ist einer der religiösen Erfahrung.

Der Berliner Rabbiner Leo Baeck hat anfangs unseres zuende gehenden Jahrhunderts den Gedanken geäußert: Jüdisch meine die Rede vom »einen« Gott den Gott, mit dem Israel sich immer wieder neu »einen« könne, weil er sich für immer mit Israel geeint habe. Das ist ein praktisches, kein philosophisches Einheitsverständnis, ›Einheit‹ das Ziel eines gegenseitigen Sich-Einens, Übereinkommens von Israel mit Gott und von Gott mit Israel. Hinter diesem praktischen Einheitsverständnis steckt große, bis in biblische Zeiten zurückreichende jüdische Tradition. In den Zerfallserscheinungen der Volksgeschichte Israels blieb oft nur immer neue Einung mit dem Gott dieses Volkes, durch die das in alle Winde physisch und geistig zerstreute Volk auch seinen inneren Zusammenhalt wahren konnte. In diesem Sinne ist der eine Gott, mit dem dieses Volk sich einen kann, das Überlebensgeheimnis der Juden in der *Gola*, Zerstreuung.

Wie ›klassisch‹-jüdisch dieser Gedanke Leo Baecks ist, zeigt das uralte *Schma Israel*, das ein bewußt geführtes jüdisches Leben von der ersten bis zur letzten Stunde begleitet. Oft nennen wir Christen das *Schma* das jüdische ›Bekenntnis‹. Doch in einem unseren kirchlichen Bekenntnissen vergleichbaren Sinn kennt das Judentum so etwas nicht. Juden halten es nicht für nötig, ständig zu erklären (wie wir jeden Sonntag wieder), was sie glauben. Ihre Existenz unter dem Himmel auf der Erde, das heißt ›vor Gott‹, ist ihnen Glaubensgewißheit und Glaubensvergewisserung genug. Um so mehr sehen sie sich dem permanenten Rufen ihres Gottes ausgesetzt: »Höre Israel, der Herr, dein Gott, ist einer. Und du sollst den Herrn, deinen Gott, lieben von ganzem Herzen, von ganzer Seele und mit allen deinen Kräften.« (5.Mose 6,4ff.) Sie geben nicht Bekenntnisse *über* ihr Gottesverständnis ab, bekennen sich vielmehr *zu* Gott, indem sie sich ständig sein Rufen in ihren Worten wiederholen und sich anleiten lassen zu innerer Konzentration aller ihrer Lebenskräfte auf ihren Gott.

Das ist eigentlich der Sinn des jüdischen Verständnisses von Gottes Einheit, nicht einer theologischen oder philosophischen Feststellungs- und Wahrheitsfrage entsprungen, sondern der Not der Geschichte ihres Volkes und dem Lebens- und Überlebenskampf jedes einzelnen Volksgenossen.

Nach Auschwitz hat nun bei Juden noch ein anderes Moment an der philosophischen Konstruktion des »Monotheismus« eine alles andere in den Schatten stellende Bedeutung erhalten. Der Gedanke der Einheit war bei alten Philosophen, wie z.B. Parmenides, immer ein *Transzendenz*gedanke. Wir Menschen kommen aus der verwirrenden Mannigfaltigkeit der Lebensansprüche vor unserem Sterben nie heraus.

Wie alles Philosophische ist das eine allgemein-menschliche Not und Erfahrung: Das Eine ist etwas Transzendentes. Für Überlebende der Shoah hat sich diese menschliche Grunderfahrung aber verschärft. Nirgendwo fand sich *in* der Mannigfaltigkeit des Lebens Hilfe für die von den Deutschen am Leben bedrohten Juden. Aber auch *hinter* der Mannigfaltigkeit gesellschaftlicher Mächte suchten viele vergebens nach dem Einen, das nottut, nach IHM, der in der Not gut tut. Das Eine schrumpfte auf den Tod, und hinter ihm und in ihm – nichts weiter.

In dieser Auschwitz-Erfahrung zerbricht alles Hängen an dem einen Gott – oder aber wir müssen begreifen lernen, wie ›radikal‹, wurzelhaft transzendent der Eine für Juden geworden ist und wie unerfahren im wirklichen Leben im Vergleich damit die christlichen Versuche aussehen, im trinitarischen Denken Gottes seine *Nähe* festzuhalten.

Hier entsteht, wenn wir uns nun der Erfahrung zuwenden, die Christen zu ihrem Dreieinigkeitsbekenntnis bewegt, eine heute sich stellende allererste (m.E. die wichtigste) Frage: Wie berührbar sind wir Christen von dieser jüdischen Erfahrung? Kann sie ohne Folgen in unserem Verständnis von Gott bleiben? Darauf läßt sich sicher nicht allgemein antworten. Doch dürfte uns die Erfahrung der Überlebenden von Auschwitz nicht in Ruhe lassen, wenn wir uns zum dreieinigen, also uns nahekommenden Gott auch heute weiter bekennen.

Denn das ist aufs kürzeste die christliche Gotteserfahrung: *»Schöpfer, wie kommst du uns Menschen so nah«.* (EG 66,1) Das ist das Grundereignis des christlichen Lebens: Gott ist eine menschlich nahe, nicht eine ferne Wirklichkeit – eine, die alle Gegensätze der Sünder zum fernen Heiligen überwindet und alles Sich-ferne-Halten des Heiligen von den Sündern beendet.

Wie die jüdische Ausformung der Einzigkeit und inneren Einheit Gottes bedingt ist von der geschichtlichen Erfahrung der Zerstreuung, wie der Gedanke einer ›radikalen‹, von uns nicht einmal in Gedanken aufzuhebenden Transzendenz Gottes bedingt ist von der geschichtlichen Erfahrung der Errettung aus den Feueröfen der Shoah – so der christlich-trinitarische Gedanke von einer Nähe Gottes durch die Fremdheitserfahrung geborener Nicht-Juden außerhalb des Hauses Israels, außerhalb der mit diesem geschlossenen Bündnisse der Verheißung, ihrer Hoffnungsferne, ihres Ausgeliefertseins an eine Welt, die zwar durchwoben ist von vielen Gottheiten, aber ›ohne Gott‹ auskommen muß.

In dieser menschlich schwer erträglichen Lage ursprünglicher und bleibender Fremdheit sehen wir Christen uns aber bis zum heutigen Tag. Die Kirche hat kein ›drittes Volk‹ oder ›drittes Geschlecht‹ *zwischen* Juden und Heiden bilden wollen und können. So kommt es, daß, anders als bei Juden, bei Christen Theologie – das menschliche Nachdenken über Gott – geradezu eine existentielle Glaubensbedeutung bekommen hat; die Kopflastigkeit der christlichen Religion ist oft sicher auch Ausdruck menschlicher Hybris, in der wir die Geheimnisse Gottes lieber ergründen und erforschen als einfach anbeten wollen. Aber die Theologie hat im Christentum vor allem deswegen eine so große Glaubensbedeutung bekommen, weil sie ein (meist verzweifeltes!) Mittel ist, uns in den Spannungen der zerrissenen christlichen Identität zurechtzufinden. Eben dazu kann man m.E. auch das trinitarische Nachdenken über Gott zählen. Auch Christen müssen immer wieder lernen, sich mit dem Gott Israels – also dem für sie von Hause aus durch und durch fremden und befremdlichen Gott – zu »einen«. Für sie bedeutet dies vor allem die bange Frage, ob das denn überhaupt *sein* kann, ob es nicht nur für sie als Nicht-Juden, sondern auch für den Gott Israels und sein Volk überhaupt denkbar ist, daß sich mit den Christen nun auch »viel fremdes Volk« (2.Mose 12,38) dem Volk zugesellt, dem Gott sich für immer verschworen und das sich für immer mit dem Gott Abrahams, Isaaks und Jakobs verbündet hat? Auf Abraham, Isaak und Jakob, die Väter Israels, können Nicht-Juden sich ja nicht so ohne weiteres berufen. Worauf aber dann?

Für den Gott Israels hat sie, die Nicht-Juden, auf eine für sie unwiderstehliche Weise Jesus von Nazaret und eine von ihm ausgehende Geisteskraft gewonnen. Und nun entsteht die für sie lebensentscheidende Frage: Hat sie nur einer von den tausenden Gurus der religiösen Welten für sich eingenommen und begeistert oder hat er ihnen wirklich einen Platz und Lebensort beim Gott Israels erschlossen? Wurden sie Anhänger einer der vielen religiösen Genies und Bewegungen – oder Kinder Gottes, dieses einen und keines anderen Gottes? Sie bemühten sich, ihre eigene fundamentale Identitätsunsicherheit (zwischen ihrem Heidentum und ihrer Hinwendung zu einem ihnen fremden Gott) durch die Frage nach der Identität dieses Gottes wenn nicht zu bewältigen, so doch wenigstens anzugehen.

Dies taten sie nun, indem sie die beiden Grundkräfte, die sie dem Gott Israels zugeführt hatten, in ihn hineindachten: Jesus von Nazaret und den von ihm sie ergreifenden Geist. Sie suchten das, was ihnen widerfahren war, als sie Christen wurden, in Gott wiederzufinden, versuchten, nun auch ihre Geschichte genauso in die Identität Gottes hineinzuerzählen, wie zuvor Gott und das jüdische Volk bereits ihre gemeinsame Geschichte in den ›Namen‹ Gottes (biblisch-jüdisch ein Wesensbegriff!) hineinerzählt hatten, als Gott sich offenbarte unter den Namen und der Generationenfolge der Väter Israels: Gott Abrahams, Isaaks und Jakobs. Wie Israel seine Geschichte im Namen Gottes zu bergen suchte, so versuchten nichtjüdische Christen die ihre zu bergen in ihrem Bekenntnis und ihrer theologischen Benennung Gottes, wollten also Jesus in Gott bergen und Jesu Geist, die beide sie zu Freunden des Gottes Israels gemacht hatten.

Sehr wichtig scheint nun aber, daß sie dabei die Respektsgrenze strikt einhielten, die Gott, der Geist ist (2.Kor 3,17), gebührt. Sie bildeten keine Dreieinheit Gott – Jesus von Nazaret – Kirche (als Gemeinschaft des Heiligen Geistes), auch keine Dreieinheit Gott – Jesus – Menschheit/oder Gattung Mensch (= »alles Fleisch«, über das Gott seinen Geist ausgegossen hat). Sie haben niemanden und nichts Menschlich-Weltliches ›vergöttlicht‹, wie ihnen oft vorgeworfen wurde. Wohl haben sie ihre Geschichte mit Gott in ihm zu ›bergen‹ gesucht, aber sie haben sie nicht unverwandelt in ihn hineinprojiziert, sind dabei also auch nicht seiner Gottheit zu nahe getreten. Der ›ewige Sohn‹ des ›ewigen Vaters‹ ist eine ursprüngliche und göttliche Wirklichkeit in Gott selbst, das ›Herz‹, das in Gott eh und je für Menschen schlägt: für sein Volk Israel, für Jesus von Nazaret und für alle um sie herum lebenden, von ihnen berührten oder berührbaren Menschen. Und der Heilige Geist ist nicht eine Projektion des kirchlichen oder menschheitlichen Gemeinschaftsgeistes in Gott hinein; die christlichen Lehrer hielten ihn vielmehr für die ursprüngliche und göttliche Lebenskraft Gottes selbst, die ihn schlechthin zum ›lebendigen Gott‹ macht, für den es niemals ein langsames Absterben, gar nie einen Tod geben kann. Kraft dieses inneren Vermögens seiner Göttlichkeit konnten die christlichen Lehrer Jesus und seinen Geist in Gott aufgehoben sehen, Gott geöffnet gerade für Israel, Jesus und alle von ihm Begeisterten. Und auf diese vorsichtige Weise suchten sie ihr Recht, als Nicht-Juden zu diesem Gott zu gehören, sich selbst zu vergewissern. Gegen jedes – freilich naheliegende – Mißverständnis, sie seien damit gewaltsam in Gott eingedrungen und hätten seine Einheit von innen her gesprengt, versuchten sie sich aber dadurch zu schützen, daß sie ihr trinitarisches Erkennen Gottes wirklich nur als Erkenntnis ihres von seinen existentiellen Unsicherheiten angefochtenen *Glaubens* und im Ernst nur (›doxologisch‹) als Lob Gottes betätigten. Der Gebrauch dieser Erkenntnis als Trinitäts*lehre* oder gar als schlechthin und allgemein-gültigen *Begriff* von Gott war dann ein elendes Selbstmißverständnis der Christen, ist es bis heute und der ausschlaggebende Grund dafür, daß wir ihre praktische Wahrheit bisher weder uns selbst noch anderen haben überzeugend verständlich machen können.

Zum Schluß zwei Zuspitzungen, eine besonders für die Theologen unter uns, eine für uns alle. So wie wir von der Trinität zu sprechen versucht haben, erübrigt sich die alte Unterscheidungslehre von einer ›inneren‹ und einer sog. ›Ökonomischen‹ Trinität, d.h. einer Aussage über ein trinitarisches Innenleben und ein ›nach außen‹, auf uns Menschen gerichtetes dreifaches Beziehungsleben Gottes. Aus den Erfahrungen ihrer Beziehungen zum Gott Israels heraus sahen sie Gott in sich erschlossen für diese Beziehungen. Hätten sie sich nicht zurückgefragt in das Innere Gottes hinein, wäre ihre christliche Entfremdungserfahrung in ihrer Tiefe hoffnungslos geblieben und nicht einmal, was Gott betrifft, hätten sie ihre Entscheidungen vom Heidentum zum Christentum als Weg zur Hoffnung beschreiten können.

Doch herausfordernder als mein Ja zur inneren Trinität ist die Behauptung, die ich nun aufgestellt habe und zu der ich mich nochmals ausdrücklich bekennen möchte: Das trinitarische Lob Gottes entspringt einer Lebensnotwendigkeit von geborenen Nicht-Juden, die Christen werden. Es gehört sich nicht, sie auch Juden zuzumuten. Sie erfahren und erkennen Gott aus ihren eigenen und bisher schwereren Lebensnotwendigkeiten, ›einen‹ sich mit Gott in anderen Nöten als unseren christlichen, müssen sich an der Dreiheit ihrer Väter Abraham, Isaak und Jakob im Namen Gottes genügen lassen, wo wir Nicht-Juden es bitter nötig haben, Gott im Namen Jesu und in den Kräften seines Geistes anzurufen.

Beide, die jüdische Einheit und die christliche Dreieinheit Gottes, haben wir aus verschiedenen Lebensnotwendigkeiten von Juden und Christen zu erklären versucht. Für viele ist es unverständlich, ja geradezu anstößig, daß ausgerechnet gegenüber Gott solche fundamentalen Unterschiede zwischen Menschen eine Rolle spielen sollen. Doch ist dies nicht nur eine Unterscheidung, bedingt von der bisher unglücklich, ja katastrophal verlaufenen Geschichte zwischen dem jüdischen Volk und den nichtjüdischen Völkern, sondern den Unterschied macht Gott im Unterscheiden seines Erwählens, daß er Einen als seinen Erstgeborenen liebt und alle anderen als dessen viele Brüder. So sehe ich – theologisch abstrakt gesagt – einen inneren Zusammenhang zwischen Gottes Prädestination und seiner Trinität. Doch das ist ein anderes Thema.

3. Ist der Gott des Alten Testaments ein ›Rachegott‹?

Albrecht Lohrbächer

Wenn Christen von Gott reden, so ist meist – unausgesprochen oder ausgesprochen – ein Gegensatz zum Alten Testament und zu Juden im Spiel: Danach ist Gott, wie er von Jesus ins Gespräch gebracht und im Neuen Testament dargestellt wird, ein liebender Gott, während der alttestamentliche Gott als Rache-, Richter- und Kriegsgott in Erscheinung tritt. Mit diesem Gegensatz wird ein christliches Bewußtsein konstruiert, das seine Kraft aus der Überbietung des Alten Testaments, aus der Überlegenheit über das Judentum gewinnt, ein Bewußtsein, das der Liebe widerspricht, der sich das Christentum angeblich verpflichtet fühlt.

Daß diese Wahrnehmung eines Gegensatzes nicht aus der Schrift, wie es protestantischer Verpflichtung entspräche, gewonnen ist und werden kann, läßt dringlich fragen, wie sehr christliche Identität eher aus der Abgrenzung zum Judentum, also aus der Judenfeindschaft lebt, als aus der Dankbarkeit erlebter Annahme, die zu liebendem Handeln befähigt.

Welche Einsichten lassen sich zum Thema ›Ist der Gott des Alten Testaments ein Rachegott?‹ gewinnen:

Gerade das Alte Testament (oder auch: die Hebräische Bibel) zeichnet in den Geschichtsbüchern wie auch in den prophetischen Büchern einen Gott, der immer wieder entgegen seinen Ankündigungen, entgegen seinen eigenen Prinzipien handelt, der immer wieder umkehrt, den Menschen trotz ihrer Verfehlungen eine neue Chance gibt (eindrücklich z.B. an dem Weg Adams und Evas sowie ihres Sohnes Kain dargestellt). Das gesamte Alte Testament ist ein Zeugnis für einen Gott, der statt Vergeltung Nachsicht und Liebe praktiziert, sehr eindrücklich beim Propheten Hosea (11,8f.) nachzulesen.

Nach 3.Mose 19,18 ist Rache im Sinne von Rachsucht, von maßloser Vergeltung im Alten Testament und im Judentum verboten: »Du sollst dich nicht rächen und nicht nachtragen ...«. In unmittelbarem Zusammenhang ist dann auch das Gebot der Nächstenliebe zu finden: »... und du sollst deinen Nächsten lieben wie dich selbst«.

In der jüdischen Festtradition wird dem Gebot besonders eindrücklich Rechnung getragen, indem beim Pessachfest, dem Fest zur Erinnerung an die Befreiung aus der ägyptischen Sklaverei, der um Israel willen getöteten Ägypter gedacht wird: Jedes jüdische Kind lernt bei diesem Fest, daß aus dem vollen Weinbecher bei der Aufzählung der 10 Plagen jeweils ein Tropfen verschüttet werden muß, aus dem Becher der Freude muß etwas fehlen, weil Ägypter um der Befreiung willen sterben mußten. Diese Geste symbolisiert die Tränen des Mitleids und des Mitleidens mit den Ägyptern. In diesem fundamentalen jüdischen Fest ist keine Rede mehr von Rache für das Ertränken der Neugeborenen, für den Frondienst der Sklaverei.

Besonders anstößig erscheinen Bibellesern die menschlichen Rachewünsche oder die Bezeichnung »Gott der Rache« in den Psalmen, z.B. in Psalm 94,1: »Gott der Rache, Herr, Gott der Rache erscheine ...«. Es ist offenkundig, daß die drastischen Worte »rächen/Rache« in Texten auftauchen, die aus der Sicht von Unterdrückten, Leidenden formuliert/geschrieben, also in Situationen entstanden sind, in denen nicht kalte Berechnung aus der Sicht eines Starken, sondern Ohnmacht eines Schwachen vorherrscht. Rachewünsche sind dann (oft dichterischer) Ausdruck für den sehnsüchtigen Wunsch, daß das erfahrene Böse und die Bösen nicht das letzte Wort haben dürfen. Es sind Wünsche von Verfolgten, Armen und Menschen, die sich in Todesangst befinden – wer wollte ihnen auferlegen, ihre Ängste und Aggressionen zu verdrängen, statt »sie im Gebet vor Gott auszusprechen, sie gewissermaßen in Seine Hände zu legen, damit sie nicht urplötzlich die eigenen Hände zur Tat treiben«, so der Theologe Erich Zenger. Es ist gerade für die Unterdrückten, die Ohnmächtigen überlebenswichtig, um einen Gott zu wissen und an ihn sich wenden zu können, der für Gerechtigkeit, für einen Ausgleich in den ungerechten Verhältnissen dieser Erde steht. Der ›Gott der Rache‹ signalisiert die Glaubensgewißheit, daß es für ihn keine Neutralität angesichts von Unterdrückung und ungerechten Verhältnissen gibt (vgl. dazu auch 5.Mose 32, 35.43).

So werden Rachegefühle, die jeder Mensch immer wieder hat, ausgesprochen und eben nicht verdrängt – vor Gott! Damit erleben der/die Betroffene und seine/ihre zwischenmenschliche Beziehung eine große emotionale Entlastung. Die Rachegefühle stellen eine Hilfe dar, mit Ohnmachtsgefühlen umzugehen, statt den zerstörerischen Kräften freien Lauf zu lassen – eindrücklich in Jeremia 18,18ff. nachzulesen. Auf diese Weise wird dem Liebesgebot eine echte Chance gegeben.

Rabbiner Leo Prijs hat die Folgen dieser Überzeugung im Blick auf das jüdische Schicksal eindrücklich so beschrieben: »Der Hinblick und Hinweis auf die Schriftstellen, die uns die Versicherung und Verheißung bringen, daß Gott alles sieht, was wir erdulden, und die Vergeltung jeder unserer Mißhandlungen sich vorbehält, diese Zuversicht gab uns die Kraft, die Gemordeten und nie die Mörder, die Gehenkten und nie die Henker, die Beraubten und nie die Räuber zu werden... Diese Aufrufe haben uns menschlich und milde erhalten, und dies ist die Frucht dieser zu Gott als Rächer der Unschuld aufschauenden Gebete«.

Ilse Blumenthal-Weiß, eine Schoah-Überlebende, hat die Haltung vieler jüdischer Märtyrer in einem Gedicht zum Ausdruck gebracht:

GEBET

Ich kann nicht hassen.
Sie schlagen mich. Sie treten mich mit Füßen.
Ich kann nicht hassen. Ich kann nur büßen.
Für dich und mich.

Ich kann nicht hassen.
Sie würgen mich. Sie werfen mich mit Steinen.
Ich kann nicht hassen. Ich kann nur weinen.
Bitterlich.

Auch im Neuen Testament findet sich bei verschiedenen Autoren der Gedanke des »Gottes der Rache«, z.B. Hebr. 12,29; Matth. 21,41; Röm. 12,19. Er hat dort zunächst einmal die gleiche Funktion wie die im Alten Testament aufgezeigte. Doch beim Neuen Testament akzeptieren wir selbstverständlich die Tendenz weg von dem Wunsch zu Rache und Vergeltung hin zum Geist der Liebe und Versöhnung, ja wir vergessen, daß solche Bilder von Gott im zweiten Teil der Bibel überhaupt zu finden sind. Dem Alten Testament, dem mindestens ebenso stark die Tendenz zur Überwindung von Rache eigen ist, gestehen wir diese Linie kaum, in der Regel nicht zu: Während in einem Teil der hebräischen Bibel davon erzählt wird, wie durch die Gemeinschaft noch grausame Vergeltung an denen geübt wird, die die für alle verbindlichen Regeln nicht einhalten (z. B. in den Büchern Josua und Richter), finden sich in anderen Teilen großartige Texte der Vergebung und stellvertretenden Sühne wie die vom leidenden Gottesknecht (Jesaja 53).

Es ist zu fragen, wie es kommen konnte, daß Christen die Vorstellung von einem ›Gott der Rache‹ nur mit dem Alten Testament verbinden und dort nur in negativem Sinne verstehen konnten. Wie war es möglich, daß sie übersahen, daß der nachsichtige, liebende Gott, wie er in der Mitte des Neuen Testaments erscheint, dort oft mit Zitaten aus dem Alten beschrieben wird, z. B. bei Paulus allenthalben?

Die christliche Geschichte ist von Haß, Rache und Vergeltung besonders gegen Juden durchzogen. Ausgerechnet diese jüdischen Opfer, deren Bibel und deren Gott man solche Vorwürfe macht, waren es, die im Bekenntnis zu eben diesem Gott als Märtyrer wehrlos in den Tod gingen, die also eine Glaubenshaltung zeigten, wie sie von den christlichen Tätern auch und besonders gefordert war. War und ist die Verschiebung des Rache-Vorwurfs auf das Alte Testament und die Juden bzw. ihren Gott etwa als Entlastung für das eigene Tun zu verstehen?

4. Braucht Gott Opfer?

Magdalene L. Frettlöh

Wer so fragt, unterbricht die Selbstverständlichkeit, mit der im Zentrum des christlichen Glaubens vom Opfer, nämlich vom Kreuzestod Jesu als einem (von) Gott dargebrachten Opfer, die Rede ist. Wer so fragt, findet sich nicht einfach damit ab, daß Menschen einander Opfer im Namen Gottes abverlangen, daß die Bereitschaft, Opfer zu bringen, beinahe zur christlichen Kardinaltugend erhoben wird. Wer so fragt, stört die Gewöhnung an die christliche Opfersprache, die uns nicht nur in Karfreitagspredigten begegnet, sondern ihre Spuren überall in unserer Alltagswelt hinterläßt: Da wir in der deutschen Sprache nicht zwischen dem religiösen Opfer und dem Opfer im Gegenüber zum Täter unterscheiden können (vgl. dagegen ›sacrifice/victim‹ im Englischen), schwingt im Opferbegriff immer eine religiöse Komponente mit, die jede Opferforderung theologisch zu legitimieren scheint: die Opferappelle in Politikermund, den Gürtel enger zu schnallen und Verzicht zu leisten, nicht weniger als die weibliche Selbstaufopferung auf von Männern errichteten Altären (1). Die religiöse Bedeutung des Opferbegriffs schwindet auch dann nicht ganz, wenn wir den Opferbegriff bedenkenlos inflationär gebrauchen: in den Nachrichten von Verkehrs- und Kriegs-, Katastrophen- und Gewaltopfern oder wo wir bereit sind, Opfer ›in Kauf zu nehmen‹, etwa um des technologischen Fortschritts, des wirtschaftlichen Gewinns, der politischen Macht oder des häuslichen Friedens willen. Opferrollen können Faszination ausüben. Es gibt eine Lust am Opfer. An beidem ist christliche Opfertheologie nicht unschuldig.

In aller Schärfe hat die Religionswissenschaftlerin Hildegard Cancik-Lindemaier diese Opfersprache entlarvt:

»Das Konzept ›Opfer‹ soll Menschen zu bestimmten Verhaltensweisen motivieren, zu Anstrengungen und Verzichtleistungen; es soll den Widerstand gegen Eingriffe in ihre Rechte, gegen den Zugriff auf ihre Person, ihr Glück, ihre Existenz diskreditieren. Schmerzen und Gewalt sollen nicht nur hingenommen, sondern sogar als Erfüllung erlebt und erstrebt werden. Opferdunst vernebelt die Verhältnisse, verhindert Erkenntnis oder gar eine Verbesserung.« (2)

Von ihrer Kritik ist auch jede christliche Opfer-Paränese betroffen, die sich auf den Kreuzestod Jesu beruft: Ist der Tod Jesu eine gottgewollte und zugleich freiwillige Selbstaufopferung Jesu, die uns zugute kommt (»gestorben für unsere Sünden«) oder gar ein von Gott selbst dargebrachtes Opfer seines eigenen Sohnes, mit dem er seine Liebe zu uns unter Beweis stellt, dann soll es für uns keine Frage sein, selbst Opfer zu bringen. Dem Gekreuzigten nachfolgend, sollen wir uns Gottes Opferbereitschaft und Jesu Opfergang zum Vorbild und unser eigenes Kreuz auf uns nehmen. Mit solchen Ermahnungen hat kirchliche Verkündigung jahrhundertelang das befreiende Wort vom Kreuz zu einer Opferbotschaft pervertiert und auf diese Weise reale Gewaltverhältnisse und menschenunwürdige Lebensbedingungen verschleiert. Ist es angesichts der lebensfeindlichen Wirkungsgeschichte christlicher Opferideale, wie sie vor allem Frauen am eigenen Leib zu spüren bekommen haben, überhaupt noch *theo*logisch sinnvoll und lebensförderlich, von ›Opfer‹ zu reden?

Braucht Gott Opfer? Wer so fragt, übersieht und verharmlost nicht, daß Menschen unter uns zu Opfern werden oder sich selbst in die Opferrolle begeben. Er nimmt sie wahr, (an)erkennt sie als »victims« und fragt zugleich, was diese Opfer mit Gott zu tun haben bzw. Gott mit ihnen. Mehr noch: Wer so fragt, leitet dazu an, bestehende Opfersysteme nicht länger religiös zu verklären, sondern sie differenziert zu analysieren:

Wer bringt das Opfer dar (Opferspender)?

Durch wen wird das Opfer dargebracht (Opfervollzieher)?

Wem wird das Opfer dargebracht (Opferempfänger)?
Wer ist das Opfer?
Wem kommt das Opfer zugute (Opfernutznießer)?

Im Sinne dieses sog. ›Opferaktionsschemas‹ (3) kann die Frage ›Braucht Gott Opfer?‹ zunächst helfen, lebensfeindliche Opferverhältnisse aufzudecken, Opferforderungen im Namen Gottes nicht als selbstverständlich *gott*gewollt hinzunehmen und widerspruchslos zu erfüllen, kurzum: der Identifizierung oder der Verwechslung von ›victim‹ und ›sacrifice‹ zu wehren.

Braucht Gott Opfer? Stellen wir diese Frage zunächst im Blick auf das prominenteste Opfer im Christentum, auf den gekreuzigten Jesus von Nazareth. Im Hebräerbrief, der wie keine andere neutestamentliche Schrift das Leben, Leiden und Sterben Jesu mit der Kategorie des Opfers deutet, heißt es:

»Denn unmöglich kann Blut von Rindern und Böcken Sünden wegnehmen. Daher sagt er (sc. der Gottessohn) bei seinem Eintritt in die Welt: ›Opfer und Gabe hast du nicht gewollt, einen Leib aber hast du mir bereitet. An Brandopfern und Sündopfern hast du kein Wohlgefallen gefunden. Damals sprach ich: Siehe, ich komme – in der Buchrolle steht über mich geschrieben – um deinen Willen zu tun, o Gott.‹ [...] Und in diesem Willen sind wir geheiligt durch die Opfergabe des Leibes Jesu Christi ein für allemal« (Hebr 10,4-7.10).

Mit Worten aus Psalm 40 läßt der Hebräerbrief Jesus in die Kritik Israels am Opferkult einstimmen und zugleich seine gesamte leiblich-irdisch-sinnliche Existenz – und eben nicht nur sein Leiden und seinen Tod am Kreuz – als Leben nach dem Willen Gottes deuten. Und wenn dieses Leben in den göttlichen Weisungen den Namen ›Opfer(gabe)‹ verdient, dann nicht, weil Gott dieses Opfer braucht oder fordert, sondern weil er die Treue Jesu, der sich aus freien Stücken mit Haut und Haar dem Tun des Willens Gottes verschrieben hat und konsequent den Weg der Tora, der Leben und Segen verheißt, zu Ende geht, uns zugute kommen läßt. Nicht *Gott* braucht dieses Opfer, sondern die *Welt* braucht es, *wir* brauchen es: Es resozialisiert uns, die wir immer wieder den guten Willen Gottes und die uns von ihm gewährten gerechten Lebensordnungen verfehlen, gegenüber Gott und untereinander, bringt unser Leben zurecht, eröffnet uns unverdiente, neue Lebensmöglichkeiten, die wir uns nicht selber schaffen können. Denn Gott rechnet uns – hier greift der Gedanke der Stellvertretung – Jesu Toragehorsam so an, als sei es unser eigener, läßt *Jesu* Treue als *unsere* Treue gelten und läßt uns so teilhaben an seiner Gerechtigkeit und seiner Lebensfülle (4). Im Blick auf Jesus können wir also nicht länger von einem Opfer reden, das *Gott* gefordert oder gar selbst dargebracht hat, sondern nur von einer freiwilligen Lebenshingabe an den Willen Gottes, die Gott anerkennt, aber – nicht annimmt!

Denn *Gott* braucht ein solches Opfer für sich nicht. Es ist das Bekenntnis zur *Auferweckung des Gekreuzigten*, das unmißverständlich deutlich macht: Gott will dieses Opfer nicht. Auferweckung des Gekreuzigten heißt: *Annahme des Opfers verweigert.* Gott läßt dieses Opfer zurückgehen, er gibt Jesus sein Leben zurück und gibt damit gleichsam zu Protokoll: Ich bin kein Gott, der Menschenopfer braucht! Mit der Auferweckung des Gekreuzigten erklärt Gott ein für allemal die Selbstaufopferung Jesu zum *letzten Opfer* im Namen Gottes: »Wo aber Vergebung für diese (sc. die Sünden und Übertretungen) ist, gibt es keine Opfergabe mehr für Sünde« (Hebr 10,18).

»Auf das Opfer darf sich keiner berufen!« (5). Auf das Opfer Jesu darf sich *keiner* berufen, der immer noch Opfer im Namen Gottes fordert, macht er damit doch die Auferweckung des Gekreuzigten zunichte. Und zugleich: Auf das Opfer Jesu darf sich *jede* berufen, die nach Gottes Eintreten für das Recht derer schreit, die unschuldig, mitschuldig oder selbstverschuldet in die Opferrolle geraten sind. Denn die Auferweckung des Gekreuzigten ist vor allem anderen ein Handeln Gottes an dem, der unter Einsatz seines ganzen Lebens für Gerechtigkeit zum *Opfer brutaler Gewalt* geworden ist. Mit der Auferweckung Jesu entzieht Gott der Gewalt und dem Tod und ihren Handlangern das Recht über das Leben dessen, der nach Gottes Willen lebt, und *mit ihm* über das Leben *aller* seiner Geschöpfe. In der Auferweckung gibt Gott Jesus Recht. Und er setzt *die* ins Recht, die wie Jesus ihr Leben riskieren, damit niemand mehr zum Opfer wird.

Wenn nun Paulus die Christen und Christinnen in Rom ermahnt:

»Aufgrund der Erbarmungen Gottes bringt eure Leiber Gott dar als lebendiges, heiliges, wohlgefälliges Opfer, als euren sachgemäßen Gottesdienst. Und paßt euch nicht dem Schema dieser Welt an, sondern laßt euch umgestalten durch Erneuerung des Sinnes, damit ihr beurteilen könnt, was der Wille Gottes ist, das Gute und Wohlgefällige und Vollkommene« (Röm 12,1f.) – dann ist dies keine Aufforderung zu leib- und lebensfeindlicher und weltflüchtiger Selbstaufopferung im Namen Gottes. Vielmehr sollen wir mit unserer leiblichen Existenz, in unserer Geschöpflichkeit, in unseren Weltbezügen den Willen Gottes verkörpern, ihn leibhaftig machen – und uns damit gerade nicht den zahllosen Opferforderungen, die zum Schema dieser Welt, zu ihren (vermeintlichen) Sachzwängen und Eigengesetzlichkeiten gehören, anpassen und ihnen Folge leisten. Nicht um selbsterniedrigende und selbstquälerische Aufopferung, sondern um die Einstimmung in den Willen Gottes und das Einbringen aller Sinne in das Tun des Guten geht es Paulus hier. Mit einem solchen *Gottesdienst im Alltag der Welt* können wir – wie Jesus – in Konflikt und Bedrängnis geraten, und wir werden zu prüfen haben, welches Opfer lebensförderlich sein kann und welches nicht. In der noch unerlösten Welt bleiben wir darauf angewiesen, daß Menschen – ungezwungen, aus freiem eigenen Entschluß und im Wissen darum, daß sie ihr Leben mit allen seinen Begabungen Gott verdanken – füreinander einstehen, ihre Zeit, ihre Kraft, ihre Liebe investieren, ohne auf Gegenseitigkeit rechnen zu können. Die Bibel nennt diesen Lebenseinsatz ein Gott dargebrachtes *Dankopfer*, und wer Dank opfert, gibt *Gott* Gewicht (Ps 50,23). Das kann an die eigene Substanz gehen, das kann ausgenutzt und mißbraucht werden. Gefordert werden darf dies von niemandem. Es ist die Erfahrung der »Erbarmungen Gottes« am eigenen Leib (Röm 12,1), die Menschen zu einem solchen ›Opfer‹ bereit machen kann. Und nur wo es neuem Leben dient, wo es darauf zielt, daß kein Lebewesen mehr in unserer Welt viktimisiert wird, kann es sich auf den Gott berufen, der keine Opfer braucht und will.

Alles bisher Gesagte scheint noch einmal radikal infrage gestellt zu werden von dem biblischen Text, der ausdrücklich davon spricht, daß *Gott* ein Menschenopfer fordert: die Erzählung von der ›Bindung Isaaks‹ (6). Gott (Elohim) spricht zu Abraham: »Nimm doch deinen Sohn, deinen einzigen, den, den du lieb hast, den Isaak, und geh hin in das Land Morija und opfere ihn dort zum Ganzopfer auf einem der Berge, den ich dir sagen werde.« (1. Mose 22,2). Darauf vertrauend, daß Gott seinen Verheißungen (vgl. 1. Mose 12,2f. u.a.) treu bleibt, gehorcht Abraham diesem Auftrag – und macht die Erfahrung, daß Gott sich selbst ins Wort und ihm in den Arm fällt, daß er das Opfer, das er gefordert hat, nicht annimmt. Der das Leben seines Sohnes fordernde Gott (Elohim, V.1.3.8.9.12) zeigt sich Abraham als der lebensrettende Gott Israels (JHWH, V.10.14-16). Abraham war bereit, *Gott* seinen Sohn zu opfern, Gott als dem *einzigen*, der dieses Opfer von ihm verlangen darf, gilt doch auch hier Davids Gebet: *»Aus deiner Hand geben wir dir!«* (1. Chr 29,14). Gott *allein* das Recht, Menschenopfer zu fordern, zuzugestehen, heißt, sie jedem anderen gegenüber zu verweigern. (Wenn wir davon sprechen, daß ein Unfall Todesopfer gefordert hat, dann haben wir sie immer schon gebracht – wem?!). Doch der Gott Israels will das Opfer nicht, das er gefordert hat, er braucht es nicht, er nimmt es nicht an und bestreitet damit ein für allemal auch jeder anderen Instanz das Recht, Menschenopfer zu fordern.

Literatur

(1) *Christina Thürmer-Rohr:* „Opfer auf dem Altar der Männeranbetung", in: *Gudrun Kohn-Wächter (Hg.):* Schrift der Flammen. Opfermythen und Weiblichkeitsentwürfe, Berlin 1991, 23-37.

(2) *Hildegard Cancik-Lindemaier:* Opfersprache. Religionswissenschaftliche und religionsgeschichtliche Bemerkungen, in: *Gudrun Kohn-Wächter (Hg.):* Schrift der Flammen, a.a.0., 38-56 (Zitat: 52).

(3) *Sigrid Brandt:* Hat es sachlich und theologisch Sinn, von „Opfer" zu reden?, in: *Bernd Janowski/Michael Welker (Hg.):* Opfer – theologische und kulturelle Kontexte, Frankfurt a.M. 1998.

(4) *Magdalene L. Frettlöh:* Theologie des Segens. Biblische und dogmatische Wahrnehmungen, Gütersloh 1998, bes. 306ff.

(5) *Ingeborg Bachmann:* Fragment: Auf das Opfer darf sich keiner berufen, in: dies., Werke IV (hg. von Christine Koschel u.a.), 3. Aufl., München/Zürich 1984, 225f.

(6) *Jürgen Ebach:* Theodizee – Fragen gegen die Antworten. Anmerkungen zur biblischen Erzählung von der „Bindung Isaaks" (1 Mose 22), in: *ders.,* Gott im Wort. Drei Studien zur biblischen Exegese und Hermeneutik, Neukirchen-Vluyn 1997, 1-25.

5. Wird der eine Gott der Bibel in vielerlei Gestalt in den Religionen verehrt?

Frank Crüsemann

Der christlich-jüdische Dialog verändert das Christentum. Doch gehen die Veränderungen in die richtige Richtung? Stehen wir nicht heute und in Zukunft vor ganz anderen Herausforderungen? Da sind die vielen verschiedenen Religionen. Sie rücken uns immer näher und sind heute schon aus dem Alltag vieler Christen und Gemeinden nicht mehr wegzudenken. Muß sich der christliche Glaube nicht eher durch sie herausfordern lassen, zu mehr Toleranz und mehr Dialog? Wie soll der Streit von Religionen und Konfessionen überwunden werden, wenn nicht durch die Entdeckung des Gemeinsamen in den verschiedenen Religionen? Begegnet nicht Gott, das eine Göttliche auch in ihnen?

Im Zentrum des jüdischen Glaubens steht dagegen der eine Gott und seine Exklusivität. »Höre Israel, der Ewige ist unser Gott; der Ewige ist *Einer*« ruft sich Israel mit der berühmten Formel aus 5.Mose 6,4 zu, die man auch als Glaubensbekenntnis des Judentums bezeichnet hat und die im Zentrum jedes Gottesdienstes steht. Wir als Christen glauben an diesen Gott Israels. Durch die christliche Mission haben sich Menschen aus den heidnischen Völkern von den Götzen abgewendet, um »dem lebendigen und wahrhaftigen Gott zu dienen« (1.Thess 1,9). Neben ihm existieren keine anderen Gottheiten. Denn »es gibt keinen Gott auf der ganzen Welt außer in Israel« (2.Kön 4,15). Und Gott selbst sagt von sich: »Vor mir ist kein Gott gewesen und nach mir wird keiner sein« (Jes 43,10).

Und die anderen Religionen? Daß ihre Angehörigen um ihres Heils willen bekehrt werden müssen, war für das europäische Christentum lange Zeit selbstverständlich. Mit dem Glauben an den einen und wahren Gott meinte man auch die eine und einzige Wahrheit zu besitzen, der sich alle unterwerfen müssen. Dieser »Absolutheitsanspruch« wurde zuerst gegen die Juden gewendet, er bestimmte die von Europa ausgehende Welteroberung; er wurde als Zwang zur religiösen Einheit in jedem Dorf durchgesetzt und brachte die vielen innerchristlichen, konfessionellen Konflikte und Kriege hervor. Heute sorgt bei uns der weltanschaulich neutrale Staat für religiöse Toleranz und garantiert das Menschenrecht der Religionsfreiheit. Ein solches friedliches Mit- und Nebeneinander verschiedener Religionen ist in einer langen Geschichte und oft genug gegen die christlichen Kirchen durchgesetzt worden. Doch Konflikte um Kruzifixe in öffentlichen Schulen oder um islamische Gebetsrufe in unseren Städten zeigen, daß der Gegensatz zwischen der einen Glaubenswahrheit und der Vielfalt von Religionen und Weltanschauungen weiter schwelt. Andere Religionen neben sich anzuerkennen, führt das nicht notwendig dazu, die Wahrheit des eigenen Glaubens zu relativieren? Und umgekehrt: Muß man um des religiösen Friedens willen nicht den strengen biblischen Monotheismus aufgeben und eine neue Art von Polytheismus anstreben, der das eine Göttliche in vielerlei Gestalt und also auch in fremden Religionen wiederfindet?

Der wahre Gott, der allein anzubeten ist, ist nicht einfach das, was *uns* als Wahrheit erscheint. Daß beides gleichgesetzt wurde, hat zur Intoleranz und Grausamkeit der europäischen Kirchen erheblich beigetragen. In der Bibel wird diese Gleichsetzung an vielen Stellen grundsätzlich in Frage gestellt. Besonders eindrucksvoll und von großem Gewicht ist dabei die dreifache Erzählung vom sogenannten Verrat der Ahnfrau. 1.Mose 20 erzählt, daß Abraham zum zweiten Mal, obwohl er schon schlechte Erfahrungen mit einem entsprechenden Verhalten in Ägypten gemacht hat (Kap. 12), bei einem Aufenthalt bei einem fremden Volk mit fremder Religion seine Frau Sara als seine Schwester ausgibt. Dahinter steht die Angst, sonst ihretwegen in Gefahr zu geraten oder doch Nachteile zu erfahren. Der fremde König der Philister fühlt sich daraufhin frei, die unverheiratete Frau in seinen Harem zu holen. Doch Erstaunliches geschieht: der Gott Abrahams und Saras läßt sich auf ein langes nächtliches Gespräch mit dem heidnischen König ein und bewahrt ihn vor einem folgenreichen Vergehen. Abraham muß sich danach schwere Vorwürfe des Philisters anhören, warum er ihn durch sein Mißtrauen in solche Schwierigkeiten gebracht habe. Und da antwortet Abraham mit dem Satz, um dessen willen diese Geschichte so wichtig ist: »Ich dachte, es ist keine Gottesfurcht an diesem Ort« (Vers 11). Danach kommt es zur Versöhnung und sogar zu einem feierlichen Bundesschluß mit dem fremden Volk, der den Frieden und die gute Nachbarschaft besiegelt (21,32; vgl.26).

Das biblische Wort ›Gottesfurcht‹ entspricht weitgehend dem, was wir ›Religion‹ nennen, mit Einschluß der ethischen Haltungen. Abraham fürchtet, daß bei Leuten mit anderen Göttern nur greulicher Götzendienst herrscht, alles drunter und drüber geht und man die Grundregeln von Anstand und Recht nicht achtet. Und – sind denn die Philister etwa nicht Götzenanbeter? Zweifellos. Da gibt es jenen Gott Dagon, von dem in 1.Sam 5 erzählt wird. In seinen Tempel stellen die Philister die von Israel im Krieg eroberte Lade. So kommt es zu einer Konfrontation des wahren Gottes mit einem Götzen, der fällt um und geht in Stücke. Daß der eine Gott alle Götzen tötet, ist eine der Hoffnungen Israels für die Zukunft (Zeph 2,11).

Gottesfurcht oder Götzendienst? Wie geht beides zusammen und wie ist beides zu unterscheiden? Man wird nur zu einer sachgemäßen Unterscheidung kommen können, wenn man bei sich selbst ansetzt. Götzendienst ist immer eine Möglichkeit unserer eigenen Lebenspraxis; das theoretische Wissen, daß es doch nur *einen* Gott gibt, reicht da nicht aus. Denn es gibt immer mehrere Mächte, die uns beherrschen wollen. Höchst spannungsreich formuliert Paulus: Wir wissen, »daß es keinen Götzen in der Welt gibt und daß es keinen Gott gibt außer einem. Denn wenn es wirklich sogenannte Götter, sei es im Himmel sei es auf Erden gibt – wie es denn viele Götter und viele Herren gibt –, so gibt es doch für uns nur einen Gott, den Vater, von dem alle Dinge sind und wir zu ihm ...« (1.Kor 8,4-6). Ähnlich heißt es bei Martin Luther in seiner Auslegung des 1.Gebots im großen Katechismus: »Was heißt ein Gott haben oder was ist Gott? Antwort: Ein Gott heißet das, dazu man sich versehen soll alles Guten und Zuflucht haben in allen Nöten. Also daß ein Gott haben nichts anderes ist, denn ihm von Herzen trauen und gläuben, wie ich oft gesagt habe, daß alleine das Trauen und Gläuben des Herzens machet beide, Gott und Abegott... Worauf du nu (sage ich) dein Herz hängest und verlässest, das ist eigentlich Dein Gott«.

In unserem Leben gibt es immer wieder große und starke Mächte, denen sich anzupassen Götzendienst bedeutet. Wo etwa Geld oder Erfolg das Handeln bestimmen oder auch Furcht wie bei Abraham, da herrschen Götzen, ob bei uns oder bei anderen, in der Kirche oder in fremden Religionen. Die Völker der Welt, die nichts vom Gott Israels und seinen Geboten wissen, werden nach Matth 25 danach beurteilt, ob sie Fremden, Armen und Leidenden geholfen haben. Das entspricht dem, was in 1.Mose 20 Gottesfurcht heißt; und ist erstaunlich unabhängig von den verschiedenen Religionen. Götzendienst oder Gottesfurcht – wo das eine herrscht, ist nein zu sagen, wo es das andere gibt, kann und muß man lernen, gerade auch Fremdes und Neues.

Eines der grundlegenden Gebote der Bibel leitet zur Unterscheidung zwischen Gott und unseren Vorstellungen über ihn an. »Du sollst dir kein Bildnis machen«, heißt es im Dekalog, den Zehn Geboten. Gemeint sind zunächst reale Götterbilder im Tempel, dann aber auch alle Bilder und Vorstellungen über Gott bis hin zu theologischen oder philosophischen Begriffen und Definitionen. Sie alle können Gott nicht fassen. Das Bilderverbot unterscheidet Gott von allem, was in der Welt vorkommt; kein Gegenstand und keine Erfahrung entspricht ihm und ist als göttlich zu verehren. Zwar gibt es Erzählungen über ihn, Traditionen und Überlieferungen, die sich mit Erfahrungen verbinden; nur so kennen wir Gott und nur so können wir von ihm und mit ihm reden. Aber Gott ist stets mehr und anderes, als wir erkennen.

Das Bilderverbot hält unser Verhältnis zu den anderen Religionen offen. Es erlaubt, an dem Gott Israels als dem einzigen Gott und Schöpfer uneingeschränkt festzuhalten, alles, wirklich alles, was uns begegnet, mit diesem Gott in Verbindung zu bringen, Positives wie Negatives, denn es gibt nur einen einzigen. Dennoch und gerade deshalb ist damit zu rechnen, daß dieser Gott uns auch aus anderen Kulturen und Religionen entgegentritt. Gerechtigkeit am Maßstab der Elenden und Armen, Gottes Verbindung mit dem jüdischen Volk, ein Handeln, das auf Leben und Freiheit zielt, das sind zwar nicht die einzigen, aber immer zu beachtende Maßstäbe, um Götzendienst und Gottesfurcht bei uns wie bei anderen unterscheiden zu können.

Israel hat an dieser biblischen Grundunterscheidung deutlicher festgehalten als die christlichen Kirchen, wo das Bilderverbot oft ganz zurücktrat. Dann konnten die eigenen Gottesvorstellungen mit Gott selbst gleichgesetzt und anderen übergestülpt werden. Der Glaube an den Gott Israels führt dazu, die Einheit Gottes strenger festzuhalten, aber zugleich auch an der Erkenntnis, daß Gott nicht in unseren Bildern und Begriffen aufgeht. Daraus erwächst eine große Offenheit für die Herausforderungen anderer Religionen. Wir können von ihnen lernen und sie tolerieren, ohne uns an sie anzupassen oder das Eigene aufzugeben.

III. Jesus Christus

1. War Jesus der erwartete Messias?

Dietrich Neuhaus

Zur Zeit Jesu herrschte in Israel eine gespannte Endzeitstimmung. Man erwartete das baldige Eingreifen Gottes, der seinem Volk Israel zu Hilfe kommen und es von Unterdrückung und Fremdherrschaft befreien würde. Viele einzelne Prediger, aber auch kleinere und größere Gemeinschaften bereiteten sich auf diese Endzeit vor: durch Fasten und Beten, durch eine asketische Lebensführung, durch ein besonders sorgsames Achten auf die Gebote Gottes, durch Änderung des gesamten Lebensstils u.ä. Zu diesem Personenkreis gehörten auch Johannes der Täufer und Jesus von Nazareth mit ihrer anfänglich wohl sehr kleinen Anhängerschar. Es war verbreitete Überzeugung, daß dem Anbruch der Endzeit bestimmte Zeichen vorausgehen und auch bestimmte Personen, die in der Geschichte Israels eine wichtige Rolle gespielt hatten, am Ende der Tage wieder erscheinen würden wie Mose und Elia. Eine besondere Rolle in den endzeitlichen Erwartungen spielte eine Gestalt, die im Laufe der jüdischen Geschichte immer mehr an Bedeutung gewann: der Messias. Das Wort »Messias« ist Aramäisch, es wurde ins Griechische mit »Christos« (= lat. Christus = dt. der Gesalbte) übersetzt. Im Alten Testament wird mit dem hebräischen Wort (HaMaschiach) noch nicht eine endzeitliche Rettergestalt gemeint. Es ist zunächst ein Titel für den jeweils regierenden König Israels aus dem davidischen Königshaus: Er ist ›der Gesalbte Gottes‹. In einigen prophetischen Texten verbindet sich die Hoffnung auf die Wiederherstellung Israels im Zeichen des davidischen Königtums mit einer Profilierung der Gestalt des zukünftigen »Gesalbten Gottes« (Jesaja 9; 11; Jeremia 23; Hesekiel 34; Micha 5; Sacharja 9 u.ö.). In einer anderen Traditionslinie des Alten Testaments wird der Titel auch für den Hohenpriester Israels gebraucht. Diese Traditionslinie wird ab dem 2. Jh. v.Chr. für die Qumran-Gemeinde besonders wichtig. In späteren Texten, die nicht in den alttestamentlichen Kanon aufgenommen wurden, läßt sich der Prozeß beobachten, wie die Gestalt des ›Gesalbten‹ mit einer anderen endzeitlichen Figur verschmilzt, die im apokalyptischen Danielbuch eine Rolle spielt: dem Menschensohn (Daniel 7). Für die Zeit Jesu kann man davon ausgehen, daß verschiedene Stränge in der Vorstellung vom Messias miteinander verknüpft sind: er ist König aus Davids Haus, er ist der Hohepriester Israels, er ist der endzeitliche Prophet. Als später kirchliche Lehraussagen zu Jesus formuliert werden, tauchen diese drei Stränge wieder auf: um auszusagen, worin denn das ›Heils-Werk‹ Jesu besteht, wird die sogenannte Drei-Ämter-Lehre entwickelt: Jesus hat ein königliches, ein hohepriesterliches und ein prophetisches ›Amt‹.

Jesus hat den Titel ›Messias‹ nicht auf sich selbst bezogen. In einigen wenigen Aussprüchen redet er vom kommenden ›Menschensohn‹, aber v.a. in der 3. Person, so daß er auch eine andere Person gemeint haben könnte. Die Frage nach Jesu Selbstbewußtsein, also danach, was er denn über sich selber dachte, wer er sei, ist historisch nicht zu beantworten. Historisch einleuchtend ist, wie es auch in den Evangelien berichtet wird, daß im Prozeß und der Verurteilung Jesu die politisch brisante Vorstellung aus dem »Messias«-Komplex – in römischer Sprache: er selbst oder seine Anhängerschar behaupten, er sei der König der Juden (vgl. Mark 15) – die Hauptrolle spielte und Grund für das Todesurteil durch die römische Besatzungsmacht war. Der Frage in der Gerichtsverhandlung, was er denn von sich selber sage, wer er sei, weicht Jesus in allen vier Evangelien aus. So fragt Jesus auch vorher seine Jünger: wer sagen die Leute, daß ich sei? (Mark 8, Matth 16) und bekommt einen Querschnitt der endzeitlichen Rettergestalten vorgelegt, Johannes, Elia, ein Prophet. Aber Jesus fragt weiter und spitzt die Frage zu: was sagt denn *ihr*, wer ich sei? Petrus antwortet darauf: Du bist der Messias, der Gesalbte Gottes (Mark 8, Luk 9). Dies ist die Urform des Bekenntnisses zur Person Jesu. Sie gehört so uranfänglich und notwendig zum Christentum hinzu, daß dieses Bekenntnis bald zum Eigennamen wurde: der Name der historischen Person, Jesus, und der Titel, mit dem eine andere Person ein Bekenntnis zu ihm ablegt, Christus, verschmelzen zu dem neuen Eigennamen ›Jesus Christus‹. Der Grund für dieses Bekenntnis ist, daß seine Anhängerschar nach seinem Tod die Erfahrung gemacht hat, daß Gott diesen Jesus von den Toten auferweckt hat. So hat seine Anhängerschar ihre Erlebnisse mit ihm in ein neues Licht gestellt gesehen und sich seiner – dokumentiert in den Evangelien – als Mensch erinnert, der in seinem Reden und Handeln von seiner Geburt bis zu seinem Tod in einzigartiger und einmaliger Weise auf Gott hin durchsichtig war.

Das Bekenntnis ›Jesus Christus‹ trennt Juden und Christen. Für Juden kann Jesus ein großer Mensch und bedeutender Rabbiner mit manchmal etwas originellen, aber nicht unbedingt aus dem Rahmen fallenden theologischen Lehrmeinungen gewesen sein. Seine Biographie endet allerdings mit dem Satz, mit dem ein jüdischer Gelehrter seine Jesus-Biographie auch tatsächlich abschließt: »Und Jesus verschied.« Im Judentum geht die Messias-Geschichte darum weiter. Es gibt nach Jesus bis auf den heutigen Tag noch viele Messiasse. Die Rabbiner sind im Laufe der Geschichte immer zurückhaltender geworden, was die Bedeutung der Messiasvorstellung angeht. Für die große Mehrheit im Judentum spielt darum die Messiasvorstellung heute keine zentrale Rolle, wichtiger ist die Auslegung und Beachtung der Gebote. Aber in kleinen, orthodoxen und mystisch gefärbten Kreisen bleibt die Messiasvorstellung lebendig. So wurde in jüngster Zeit der kürzlich verstorbene Lubawitscher Rabbiner Menachem Schneerson von Anhängern als Messias proklamiert.

Zwei Fragen sind abschließend zu beantworten. Erste Frage: Ist für heutige Christen das Bekenntnis zu Jesus als dem Messias Israels notwendig und zeitgemäß? Man könnte argumentieren, der Messias-Titel sei im damaligen kulturellen Kontext wichtig und unverzichtbar gewesen, um ein Bekenntnis zu Jesus zu formulieren. Heute befindet sich das Christentum hauptsächlich in anderen kulturellen Kontexten, entsprechend zeitgemäße und adäquate Begriffe und Titel sind zu entwickeln. Dazu ist zu sagen: Das uranfängliche Bekenntnis »Jesus Christus«, d.h. Jesus von Nazareth ist der erwartete Messias Israels, ist unaufgebbar für Christen aus allen kulturellen Kontexten. Dieses Bekenntnis hat in der langen Geschichte des Christentums verhindert, daß die Person Jesu enthistorisiert und mythisiert wurde, d.h.: In diesem Bekenntnis wird festgehalten, daß Jesus wirklich und ganz Mensch war, ein Jude aus dem Volk Israel.

Christen sind damit unvermeidlich an Israel und Gottes Geschichte mit seinem Volk gewiesen, wenn sie Zugang zu Jesus haben wollen. Dieses Bekenntnis ist so gleichsam die Klammer zwischen dem Alten und dem Neuen Testament.

Zweite Frage: Kann denn aus diesem Bekenntnis ein Auftrag zur Judenmission abgeleitet werden? Die Antwort lautet: Nein. Die entscheidenden neutestamentlichen Passagen, in denen die Rolle der Juden nach Jesu Tod und Auferweckung zur Sprache kommt, sind Röm 9-11 und der Epheserbrief. Von dort her ist die Frage der Judenmission zu entscheiden. Dort wird aber kein Zweifel daran gelassen, daß Israel Gottes erwähltes Volk ist und bleibt. Seine Beziehung zum Heil in Jesus bleibt allein Gottes Geheimnis. Im Epheserbrief wird die Bedeutung Jesu darin erfaßt, daß er den Zaun zu den Menschen aus den ›Völkern‹, den ›Nicht-Juden‹, niedergerissen hat. Durch ihn finden auch ›Nicht-Juden‹ Zugang zu Gott. Mission hat sich darum auf ›Nicht-Juden‹ zu beziehen.

War Jesus nun der erwartete Messias? Die ersten Christen haben diese Frage klar mit ›Ja‹ beantwortet. Für uns heute stellt sich die Frage genau so, wie Jesus sie für seine Jünger gestellt hat: was sagt denn ihr, wer ich sei? Diese Frage ist Aufforderung zu einem persönlichen Bekenntnis zur Person Jesu. Die erste Gestalt, die dieses Bekenntnis haben wird, noch bevor natürlich auch private und zeitbezogene und kulturelle Besonderheiten formuliert werden können, wird heute lauten wie damals: Jesus Christus.

2. War Jesus ein Gegner der Pharisäer?

Luise Schottroff

Auch in der postchristlichen Gesellschaft Deutschlands ist das Wort ›Pharisäer‹ eine häufig und gedankenlos gebrauchte Metapher für ›Heuchelei‹, besonders für die sogenannte pfäffische Heuchelei, öffentlich Wasser zu predigen und heimlich Wein zu trinken. In der christlichen Deutungstradition der Begegnungen zwischen Jesus und Pharisäern werden diese Szenen in der Regel als ›Streitgespräche‹ gedeutet, bei denen die Pharisäer einen ›gesetzlichen‹, d.h. menschenfeindlich-engen Standpunkt vertreten und Jesus ihnen die Liebe Gottes entgegenhält. Im Bewußtsein der christlichen Interpreten geht Jesus nach solchen Streitgesprächen als der wahre Sieger und als Verkörperung der christlichen Kirche von der Bühne, und die Pharisäer trachten ihm nach dem Leben.

An diesem Bild ist aus historischen und theologischen Gründen Kritik zu üben. Die pharisäische Bewegung war eine Bewegung vornehmlich der kleinen Leute. Sie versuchte, die religiöse Identität jüdischer Menschen im Alltag zu gestalten. Das typische Bild für Pharisäismus sollte nicht mehr der hinterhältige und finstere Gegner Jesu sein, sondern eine Familie, die gemeinsam ißt und dabei die Reinheitsvorschriften nach der pharisäischen Interpretation der Tora beachtet. Man hat bei Ausgrabungen in Israel an vielen Orten Kalksteinbecher gefunden. Sie galten nach pharisäischer Lehre als rein, da sie anders als Gefäße aus Ton und Metall nicht verunreinigt werden konnten. Warum haben Frauen, Männer und Kinder soviel Wert darauf gelegt, solche Becher zu benutzen? Sie drückten damit hautnah aus, daß sie den Gott Israels lieben und nach seinem Willen ihr Leben gestalten – nicht nur im Kopf, sondern im Alltag und mit ihren Körpern. Es war wichtig, was sie aßen und mit wem sie aßen, und die Mahlzeit war zugleich Zeit des Gebetes und der Dankbarkeit für die Güte der Schöpfung. Nicht der finstere Gegner Jesu verkörpert den Pharisäismus, sondern die pharisäische Familie bei der Mahlzeit, Frauen, Männer und Kinder. Die Existenz von Pharisäerinnen, die aktiv die pharisäische Gestaltung des Alltags tragen (nicht nur als Ehefrauen ihrer Männer) sollte nicht länger übersehen werden. Die Eltern des Paulus waren wie er selbst ein Pharisäer und eine Pharisäerin (Apg 23,6). Das christliche Abendmahl war von Anfang an die Grundlage der neuentstehenden christlichen Gemeinde. Ohne das pharisäische Erbe wäre diese Gemeinschaftsform nicht entstanden.

Im Judentum zur Zeit Jesu gab es viele Auseinandersetzungen. In diese Konfliktgeschichte gehören die Auseinandersetzungen Jesu mit Pharisäern. Wir sollten sie nicht mit der Vorgabe tödlicher Gegnerschaft belasten. In der Passionsgeschichte Jesu spielen die Pharisäer keine Rolle. Es waren Auseinandersetzungen über wichtige Lebensfragen, in denen beide Seiten häufig kontrovers waren, wenn auch nicht immer. Es gab auch viele pharisäische Anhängerinnen und Anhänger Jesu. Die Auseinandersetzungen drehten sich um Fragen des Alltags, z.B. um die Frage, ob der Sabbat gefeiert werden kann, wenn ein Teil der Bevölkerung massiv Hunger leidet (darum geht es in Markus 2,23-28 parr s.u.), oder ob Ehescheidungen, die Männer durchsetzen, nicht der Schöpfung Gottes Schmerz zufügen (Mark 10,2-12 parr). In allen Fällen argumentieren beide Seiten auf einer gemeinsamen Grundlage: der Tora. »Habt ihr nie gelesen ...?« (Mark 2,25 oder Matth 19,4). Beide Seiten wollen überzeugen, die gemeinsame Grundlage verbindet sie.

In vielen Fragen waren Jesus und seine Anhängerschaft sich mit der pharisäischen Bewegung einig, vor allem in der Frage der Auferstehung und der Notwendigkeit mündlicher Auslegung der Tora. Die Sadduzäer vertraten der Tora gegenüber einen fundamentalistischen Standpunkt, lehnten die Auferstehung ab und paktierten mit Rom. Auch in politischer Hinsicht gehören Jesusbewegung und pharisäische Bewegung gemeinsam in diejenigen Teile der vorwiegend ärmeren Bevölkerung, die die römische Herrschaft als Gewaltherrschaft erlebten, die ihr Leben und ihre religiöse Identität zerstören wollte.

Ein Textbeispiel soll helfen, die antipharisäische Lektüre der Geschichte Jesu zu verlernen und die Bedeutung der Auseinandersetzungen neu zu verstehen. In Mark 2,23-28 wird erzählt, Jesu Jüngerinnen und Jünger hätten am Sabbat Ähren gerauft, d.h. Getreideähren abgerupft, in der Hand gerieben, die Spelzen weggeblasen und die Körner gegessen. Das taten sie nicht, um die Pharisäer und Pharisäerinnen zu provozieren, sondern weil sie Hunger hatten. Der Hunger der Gruppe um Jesus erscheint Menschen in Deutschland der neunziger Jahre als unwesentlich (hatten sie vergessen einzukaufen?). Doch aus dem Zusammenhang der wirtschaftlichen Verhältnisse in Palästina ist zu erkennen, daß die Jesusgruppe wie ein relevanter Teil der Bevölkerung hungerte und oft auch an den Krankheiten des Hungers litt. Jesus sagt den Pharisäern und Pharisäerinnen: Auch in der Schrift gibt es den Vorrang des Hungers vor der Einhaltung religiöser Vorschriften, erinnert euch an David (Mark 2,25.26). Gott hat den Sabbat erschaffen, daß er den Menschen zu leben hilft. Solange Menschen hungern, können sie Gott nicht loben mit ihrem Herzen und ihrem Leibe. Darum hat der Hunger jetzt in dieser Situation Vorrang vor dem Sabbat, damit wir am Sabbat alle erkennen, daß Hunger die Menschen zerstört. Mark 2,27 findet sich wörtlich genauso in der rabbinischen Diskussion und sollte in seiner negativen Aussage nicht mehr als Wiedergabe der pharisäischen Position (der Mensch ist für den Sabbat gemacht) gelesen werden. Vielmehr ist der negative Satzteil eine rhetorische Umkehrung des positiven Satzteiles und verstärkt die positive Aussage: Der Sabbat ist Teil der guten Schöpfung Gottes, der von Gott zur Feier des Lebens und des Gotteslobes gemacht ist. Aber wir müssen aufstehen gegen den Hunger, der die Menschen zerstört.

Eine Generation nach Jesu Hinrichtung durch die römische Armee, in deren Augen er ein politischer Aufrührer war mit seinem Kampf gegen Hunger und Armut, gab es die lange befürchtete Katastrophe, den römisch-jüdischen Krieg (66-70 n.Chr.). Rom wollte dem unruhigen Judenvolk endgültig vollständige Unterwerfung beibringen. Der Tempel in Jerusalem wurde zerstört. Damit war das Volk seiner Mitte beraubt, denn der Tempel war der Ort der Gegenwart Gottes. Nun war die pharisäische Tradition die Grundlage einer Neugestaltung jüdischen Lebens: die Familie bei der Mahlzeit, die nach Gottes Willen lebt und in ihrem Alltag die Gegenwart Gottes feiert. Es entstand eine pharisäische Führung des Volkes, das alle anderen Führungsinstitutionen verloren hatte. Zwischen dieser pharisäischen Führung und den judenchristlichen Gemeinden hat es Auseinandersetzungen gegeben, die härter waren als die zwischen Jesus und pharisäischen Menschen. Die vier Evangelien sind in dieser Zeit aufgeschrieben worden unter Verwendung mündlicher Traditionen aus der Jesuszeit. In den Evangelien werden zwei historische Ebenen übereinander gelagert: die Jesuszeit und die Zeit nach 70 n.Chr. Aus dieser Zeit stammen bittere Worte gegen Pharisäer, die Jesus in den Mund gelegt wurden, vor allem im Kapitel Matthäus 23. Hier wird ihnen Heuchelei vorgeworfen, ihre Lehre aber nicht abgelehnt (Matth 23,3). Bei der Lektüre der Evangelien muß heute also am Text selbst herausgefunden werden, wie scharf die Auseinandersetzungen sind. Aber auch für die Nach-Jesus-Zeit gilt: Die gemeinsame Grundlage beider Seiten blieb die Tora. Die Auseinandersetzung war Kampf um den richtigen Weg des Volkes in einer extrem schwierigen Situation, nicht aber Ausdruck einer unversöhnlichen Gegnerschaft. Ohne das pharisäische Erbe hätte weder das Christentum noch das Judentum den Weg in die Zukunft gefunden, den sie in dieser Zeit fanden. Die Mahlgemeinschaft ist bleibendes Zeichen dieser gemeinsamen Grundlage, auch wenn sich in den Jahrhunderten danach die Formen der Mahlgemeinschaft auseinander entwickelten. Ich werde bei den Glückserfahrungen der christlichen Mahlgemeinschaft in meiner Erinnerung behalten, wie viele jüdische Familien in Todesangst vor deutschen Nazis und ihren Helfern und Helferinnen im Volk während meiner Jugend in Berlin/Brandenburg ihre letzten gemeinsamen Mahlzeiten gegessen haben.

3. Hat sich Jesus von seinem Volk gelöst?

Klaus Müller

Jesus war Jude und hat ein jüdisches Leben gelebt im Land Israel inmitten seines Volkes.

Dieser Umstand weist Christinnen und Christen an Israel, motiviert zur Begegnung mit dem Judentum. Jesus der Jude ist der naheliegendste Grund für eine christliche Öffnung zum jüdischen Volk hin. Jesus der Jude bestimmt die christliche Haltung zu Israel als tiefste Verbundenheit mit seinen jüdischen Schwestern und Brüdern und ihren Glaubenstraditionen.

Jesus war Jude und hat ein jüdisches Leben gelebt. Ich will mit den folgenden Bemerkungen diesen einfachen Satz belegen und ausweisen an der christlichen und jüdischen Literatur. Vor mir liegen aufgeschlagen das Neue Testament und die rabbinische Literatur aus Mischna (d.h. Diskussionen der Rabbinen zu allen wichtigen Fragen jüdischen Lebens in der Zeit zwischen 300 v.Chr. und 200 n.Chr.), Talmud (Diskussionen der Rabbinen zwischen 200 n.Chr. und 500 n.Chr.) und Midrasch (die Bibelauslegungen der

Rabbinen). Die ältesten Schichten aus Mischna, Talmud und der midraschischen Literatur sind zeitgleich mit dem Wirken Jesu und der Abfassung des Neuen Testamentes. Alles dies zu Rate ziehend verweile ich an vier Stationen des jüdischen Lebensweges Jesu:

1. Jesu Geburt und Kindheit

Die bis heute gültige Bestimmung im jüdischen Religionsgesetz lautet: Das Judesein entscheidet sich an der jüdischen Mutter. Im Talmud (bQid 68b) wird zum israelitischen Mann gesagt: »Dein Sohn von einer jüdischen Frau wird *dein* Sohn genannt (ist also jüdisch), der Sohn einer nichtjüdischen Frau wird nicht dein Sohn genannt, sondern *ihr* Sohn (ist also nicht jüdisch).« Jesu Geborenwerden von der jüdischen Frau Maria/Mirjam bestimmt von Anfang an sein Judesein. Maria hat offenbar verwandtschaftliche Bande nach Juda (Lukas 1,36 und 39), also ins Gebiet um Hebron und Bethlehem.

Lukas erzählt in seinem zweiten Kapitel die Kindheitsgeschichte Jesu entsprechend dem jüdischen Modell religiöser Frühsozialisation, das bis in die Hebräische Bibel zurückreicht: Nach 3.Mose 12,3 ist ein jüdischer Knabe am achten Tag nach der Geburt zu beschneiden; er empfängt damit an seinem Leib das Siegel der Zugehörigkeit zum Bund Gottes mit seinem Volk seit den Tagen Abrahams. Beschneidung ist die feierliche Hineinnahme des Kindes in den Bund Gottes mit seinem Volk; da hinein gehört Jesus von Anfang an und sein ganzes Leben lang.

Lukas 2,21 verbindet die Beschneidung Jesu mit der Namensgebung. Dies entspricht altem jüdischem Brauch, der sich aus 1.Mose 17 ableitet: Dort wird das Gebot der Beschneidung (V.12) verbunden mit der Namensgebung an Abraham und auch an Sara (V.15). Bei Abraham und Sara entsprachen die neuen Namen ihrer Lebensaufgabe; auch im Jesusnamen steckt schon der Sinn der Sendung Jesu: Jesus – Jehoschua heißt: Gott wird retten – dies wird Jesus in Wort und zeichenhafter Tat zu verkündigen haben.

Jesus war der erste Sohn Marias. Die Hebräische Bibel (3.Mose 12) verpflichtet die Eltern und insbesondere die Mutter zur Auslösung des Erstgeborenen beim Priester, verbunden mit einem Taubenopfer. Nach den vorgeschriebenen vierzig Tagen ihrer Reinigung bringt die Mutter Jesus zum Tempel nach Jerusalem, um den Ritus der Auslösung zu vollziehen (Luk 2,22-24).

Und noch ein Schritt weiter: Das Kapitel bei Lukas über die Kindheit Jesu endet mit der Episode vom Zwölfjährigen im Tempel. Nach erfolgtem Unterricht in den heiligen Schriften wird gemäß rabbinischer Tradition jeder dreizehnjährige Junge als Religionsmündiger auf ein voll verantwortliches jüdisches Leben verpflichtet. Er ist nun Bar-Mitsva, Sohn des Gebotes – seine religiöse Frühsozialisation ist abgeschlossen. Ich sehe die Erzählung vom zwölfjährigen Jesus im Tempel in diesem Zusammenhang: Jesus befindet sich mit den Lehrern der jüdischen Tradition im Gespräch, in der Vorbereitung auf die selbstverantwortliche Religionsausübung. Die christliche Auslegung mag sich daran gewöhnt haben, an dieser Geschichte immer wieder die wunderhafte Überlegenheit Jesu, seine immense Verständigkeit zu betonen. Doch zunächst einmal wird von ihm berichtet, was von jedem Bar-Mitsva-Schüler gilt: Sie fanden Jesus unter den Lehrern, wie er ihnen zuhörte und sie fragte (Vers 46) – sie *fragte*. Seinen – mit einem Terminus der protestantischen Tradition gesprochen – ›Konfirmandenunterricht‹ hatte er zu absolvieren; zugehört hat Jesus den Glaubenslehrern Israels und sie gefragt, weil er in ihren Traditionen zuhause sein wollte.

Die jüdischen Texte beschreiben die elterlichen Pflichten dem Sohn gegenüber wie folgt (Tosefta Qidduschin 1,11): »Welches ist das Gebot des Vaters betreffs des Sohnes? Man soll seinen Sohn beschneiden, ihn auslösen, ihn Tora lehren, ihn einen Beruf lehren, ihm eine Ehefrau nehmen – und manche sagen: ihn auch schwimmen lehren.«

Und ein anderer dem Neuen Testament zeitgleicher Text sagt (Mischna Avot 5,21): »Mit fünf Jahren soll der Junge zur Bibel geführt werden, mit zehn Jahren zur Mischna, mit dreizehn zur vollen Gebotsausübung.«

So ist Jesu jüdisches Leben von Anfang an grundgelegt durch Geburt, Beschneidung, Namensgebung, Auslösung und Unterrichtung zum mündigen Juden. Was in diesen fünf Elementen entfaltet ist, faßt Paulus in eine bündige Formel: Jesus wurde »geboren von einer (jüdischen) Frau und der Tora unterstellt« (Gal 4,4).

2. Jesus, Teilnehmer am synagogalen Gottesdienst

Lukas erzählt in Kapitel 4,16-21, wie sich Jesus am Synagogengottesdienst in seiner Heimatstadt Nazareth beteiligt: »Nach seiner Gewohnheit ging er am Sabbat in die Synagoge« (Vers 16). Das Gotteshaus Jesu ist die Synagoge. Ich versuche, an Lukas 4 und den rabbinischen Parallelen *vier Grundelemente* des synagogalen Gottesdienstes zu beschreiben:

a) Jesus steht auf, um aus der Prophetenrolle, dem Buch Jesaja, zu lesen. Dieser Vorgang wird bis heute als Haftara bezeichnet, als Schlußlesung aus einem prophetischen Buch, nachdem zuvor ein Abschnitt aus der Tora, den fünf Büchern Mose, rezitiert worden ist. Zur Zeit Jesu waren die Prophetenlesungen noch frei wählbar; entsprechend verfährt Jesus in Luk 4,17. Die Bestimmungen sagen, daß derjenige, der die Prophetenlesung vornimmt, den letzten Abschnitt der Toralesung zu wiederholen habe; dies dürfen wir auch bei Jesus annehmen. Jesus hat also in der Synagoge von Nazareth Tora und Haftara gelesen. Die Lesung hat stehend zu erfolgen (bMeg 21a), entsprechend geschieht auch das Aufstehen Jesu (Vers 16).

b) Ein zweites Element aus dem Synagogengottesdienst spiegelt sich in Lukas 4,20-21: Er hält eine *d'rascha*, eine Predigt. Jesus setzt sich, um eine kurze Auslegung zum Prophetentext zu geben. »Aller Augen in der Synagoge sahen auf ihn« – sie waren mit dem liturgischen Ablauf vertraut und erwarten nun die Predigt. Jesus weist auf seine eigene Person als verleiblichte Verkündigung des Gnadenjahrs Gottes. Das Bild vom sitzenden Prediger paßt in die Zeit Jesu (Avot de-Rabbi Nathan A4): »Wenn der Gelehrte sitzt und predigt in der Gemeinde, so rechnet es ihm die Schrift an, als bringe er Fett und Blut auf dem Altar dar.«

c) Die Geschichte in Lukas 4 ist aus den jüdischen Quellen noch zu ergänzen. In der Mischna heißt es: »Wer die Haftara (den Prophetenabschnitt) liest, der trägt auch das *Schma Israel* vor« (mMeg 4,5). Damit ist vorauszusetzen, daß Jesus in der Synagoge von Nazareth auch das Grundbekenntnis des Judentums laut gesprochen hat: »Höre, Israel, der HERR ist unser Gott; der HERR ist einer« (5.Mose 6,4). Daß Jesus auch andernorts mit dem *Schma Israel* umgegangen ist und argumentiert hat, zeigen Stellen wie Lukas 10,25ff. bzw. Markus 12,29. Jesus teilt mit seinem Volk das Bekenntnis zu dem einen Gott.

d) Aus der oben zitierten Mischnastelle (mMeg 4,5) läßt sich Lukas 4,16ff. noch um ein Element erweitern: »Wer die Haftara liest, der trägt auch das Schma Israel vor und dient auch als Vorbeter beim *Schmone Esre*, dem Achtzehngebet«. Zusammen mit dem Grundbekenntnis Schema Israel bildet das Achtzehngebet den Kern des synagogalen Gottesdienstes.

Mit diesen Stücken ist der Synagogengottesdienst seinem wesentlichen Gehalt nach umrissen – damals in Nazareth oder Jerusalem, heute in Mannheim, Berlin, Tel Aviv oder Paris.

3. Jesus, der Festpilger

Ein wichtiger Zug jüdischer Frömmigkeit sind die drei Wallfahrtsfeste. Alle drei Feste sind mit der Urerfahrung des jüdischen Glaubens verbunden: Passa erinnert an den Auszug aus Ägypten, Schavuot (das Wochenfest) erinnert an die Gabe der Tora am Sinai und Sukkot (das Laubhüttenfest) weist die Israeliten zurück auf die Erfahrung der Wüstenwanderschaft, den ›Pilgrimstand‹ des Glaubens, an das Wohnen in beweglichen Hütten auf dem Weg zum Land der Verheißung.

Die Evangelisten zeigen uns Jesus als Festpilger, der mit seinem Volk die Wallfahrten zum Jerusalemer Tempel unternimmt. Besonders der Johannes-Evangelist sieht Jesus zu den Festen nach Jerusalem ziehen: an Passa (2,13.23), an einem ungenannten ›Fest der Juden‹, vielleicht Schavuot (5,1), an Sukkot (Kap. 7), des weiteren (10,22) zum Tempelweihfest (Chanukka).

Ein etwas genauerer Blick auf Jesu Bezug gerade zum Passafest zeigt, wie sehr Jesus sein eigenes Geschick einzeichnet in dieses jüdische Ursprungsfest. Jesus feiert mit den Seinen das Passamahl. Hier findet er bereits die Struktur einer gedeuteten Mahlfeier vor. Brot und Wein sind im Passamahl bereits Träger einer Botschaft, die Jesus auf sich und seinen Jüngerkreis hin entfaltet. Die Mischna formuliert als Grundgedanken der Passafeier von Jesu Zeiten an bis heute: »Es beginnt mit Erniedrigung und Elend und geht hin auf Erlösung und Verherrlichung« (mPes 10,4). Der Weg geht vom »Brot des Elends« zum »Kelch der Erlösung« beim Passamahl damals und heute, in Jesu Mahlfeier damals und im heiligen Mahl seiner Gemeinde heute.

4. Jesus, der jüdische Lehrer

Zum jüdischen Lebensvollzug Jesu, seiner Geburt und weiteren Sozialisation im Judentum, seinem Teilhaben an der jüdischen Frömmigkeit in Gottesdienst, Gebet und Festzeiten gehört auch der Aspekt seiner Lehre. Auch hier gilt: Jesus löst sich nicht von seinem Volk. Das Matthäusevangelium bringt Jesu Haltung zur Tora Israels in einem Satz zum Ausdruck, den ich bei Jesus immer wieder bestätigt finde: »Ich bin nicht gekommen, das Gesetz aufzulösen, sondern zu erfüllen« (5,17) – und das heißt: zu befolgen und in der Grundintention zur Geltung zu bringen. Und die Intention der Tora ist das ungeteilte und vollkommene Aus-Sein auf den Mitmenschen und auf Gott.

Zusammenfassend: Jesus war Jude und hat ein jüdisches Leben gelebt in Israel inmitten seines Volkes. An keiner Stelle ist er aus dem Verbund des jüdischen Volkes ausgetreten. Vielmehr mußte Jesus sich erst durchringen zu der Einsicht, daß er außer für die »verlorenen Schafe des Hauses Israel« auch für die anderen da ist: z.B. für die Syrophönizierin (Matth 15,21-28) oder die Samaritanerin am Brunnnen (Joh 4). Was Christinnen und Christen auch immer von Jesus Christus bekennen, bekennen sie von einem Mitglied des jüdischen Volkes und das kann sich nicht gegen das Judentum richten. Indem sich die Kirche zu Jesus Christus hält, hält sie sich mit ihm zu den Jüdinnen und Juden, ihrem Gott, ihrer Bibel, ihren Synagogen, ihren Gebeten, ihren Traditionen. Im Christusbekenntnis muß neben dem Gotteslob auch der Dank an Israel seinen Platz bekommen, der Dank und Lobpreis dem Volke gegenüber, aus dem den Christen der Heiland erwachsen ist, »ein Licht« – wie der greise Simeon im Tempel ruft »zu erleuchten die Heidenvölker, und zum Preise deines Volkes Israel« (Luk 2,32).

Literatur

David Flusser: Jesus in Selbstzeugnissen und Bilddokumenten, Reinbek bei Hamburg 1968.

Geza Vermes: Jesus der Jude. Ein Historiker liest die Evangelien, Neukirchen-Vluyn 1993.

4. Ist Jesus für uns am Kreuz gestorben?

Martina Severin-Kaiser

Unbestritten gehört die Aussage, daß Jesus für uns am Kreuz gestorben sei, in das Zentrum des christlichen Glaubens. Etliche Gesangbuchlieder sprechen davon wie z.B. das erste Passionslied des Evangelischen Gesangbuchs »Ehre sei dir, Christe, der du littest Not, an dem Stamm des Kreuzes für uns bittern Tod ...« (EG 75). Es wundert daher nicht, daß viele Menschen hier den Kern ihres Christentums sehen. Dabei muß allerdings die Paradoxie erklärt werden, inwiefern im gewaltsamen Tod eines Menschen für andere eine positive Bedeutung liegen kann.

Im historischen Rückblick läßt sich nicht leugnen, daß diese zentrale Aussage unseres Glaubens mit einer fürchterlichen antijüdischen Geschichte verbunden ist. Einerseits soll mit der Formulierung, daß Jesus für uns am Kreuz gestorben sei, die erlösende Dimension dieses Ereignisses ausgedrückt werden. Andererseits steht diesem Verständnis die jahrhundertealte Erfahrung jüdischer Frauen und Männer gegenüber, daß gerade die Tage, an denen Christen des Todes Jesu gedenken, für sie zu lebensgefährlichen Tagen wurden. Zu Pogromen und antijüdischer Hetze kam es besonders häufig in der Passionszeit bzw. der Karwoche. Betonen wir für uns die befreiende Dimension des Kreuzes, so müssen jüdische Menschen den Eindruck gewinnen, daß dieses Ereignis in erster Linie zu ihren Ungunsten geschehen sei. Das Kreuz wurde für sie zum Symbol der Gewalt und des Todes. Spätestens seit der Shoa können wir unsere Augen nicht mehr vor dieser dunklen, antijüdischen Seite der christlichen Zentralaussage verschließen. Es stellt sich für uns somit die Frage, ob der Kreuzestod Jesu notwendigerweise antijüdisch verstanden werden muß oder ob wir diesen Kern christlicher Theologie auch ohne diese andere Menschen herabwürdigende Kehrseite begreifen können.

Dafür ist es zunächst hilfreich, das Kreuz nicht als Symbol, sondern als ein realistisches Ereignis zu verstehen. Das Kreuz wurde im Römischen Reich vielerorts – darunter häufig in der Provinz Palästina – als Hinrichtungsmittel benutzt. Wir wissen, daß zur Zeit

Jesu besonders jüdische Aufständische und deren Sympathisanten, die für die Freiheit des jüdischen Landes kämpften, auf diese Weise hingerichtet wurden. Daß es sich bei der Kreuzigung um eine römische Hinrichtungsart handelt, hält unser apostolisches Glaubensbekenntnis mit der klaren Formulierung »gelitten unter Pontius Pilatus« fest. Wie sehr wiederum den Römern der enge Zusammenhang Jesu mit dem jüdischen Volk bewußt war, belegt die in den Evangelien überlieferte Kreuzesinschrift: »Jesus aus Nazareth, König der Juden«. Der Tod am Kreuz trennt den Juden Jesus somit nicht von seinem Volk. Vielmehr stellt er ihn in die lange Reihe jüdischer Märtyrer, die um ihrer Treue zum Gott Israels willen den Tod durch politische Gewalttäter in Kauf nehmen. Das Kreuz muß daher zunächst als ein Mittel politischer Gewalt und des Todes verstanden werden. Im Falle der Hinrichtung jüdischer Märtyrer, die den Tod am Kreuz erleiden, weil für sie die Gerechtigkeit und der Wille des biblischen Gottes über jedem Machtanspruch politischer Machthaber steht, wird das Kreuz außerdem zum Zeichen des nichtjüdischen Widerspruchs gegen den Gott Israels.

Die konkrete Dimension des Kreuzes als eines brutalen und allzuoft antijüdischen Herrschaftsmittels darf bei den folgenden Überlegungen nicht aus dem Blick geraten, um nicht einer unangemessenen Verharmlosung von Gewalt und Tod Vorschub zu leisten.

Wie aber verstehen die weiteren neutestamentlichen Schriften den Kreuzestod Jesu, und wie ordnen sie dieses Geschehen in das spannungsreiche Verhältnis von nichtjüdischer Völkerwelt und Israel ein?

Zunächst beobachten wir, daß für Paulus, bei dem wir die ältesten Aussagen über den Tod Jesu finden, dieses Ereignis nicht für sich genommen, sondern allein in Verbindung mit der Auferstehung seine Bedeutung gewinnt. Erst in diesem Zusammenhang kann der Apostel formulieren, daß Jesus für uns, d.h. uns zugute gestorben sei. Damit ist deutlich, daß wir ohne das Zeichen des leeren Grabes das Kreuz nur als Symbol der Gewalt und des Todes verstehen können.

Lange haben Christen Paulus dahingehend verstanden, daß mit Kreuz und Auferstehung ein völlig neues Kapitel in der Geschichte Gottes mit den Menschen aufgeschlagen worden sei. Dagegen hält der Apostel in 1.Kor. 15,3 ff. fest, daß sowohl der Tod als auch die Auferstehung Jesu allein »nach den Schriften«, das meint im Horizont der Bibel Israels begriffen werden können. Die heilsame Bedeutung dieser beiden Ereignisse kann nur verstanden werden, wenn sie nicht von der jüdischen Tradition abgehoben, sondern in ihrem Geiste gedeutet wird.

Seine inhaltliche Zuspitzung erhält diese Stoßrichtung im Zusammenhang von Röm. 5,6-11. Dort spricht Paulus davon, »daß Christus für uns gestorben ist, als wir noch Sünder waren.« Der Tod dieses einen Juden aus Nazareth bewirkt somit die Rettung der Sünder, die in der Sprache des Apostels auch als die Gottlosen bezeichnet werden können. Entscheidend ist nun, daß wir den Begriff Sünder nicht mit einem moralischen Sinn, sondern von der jüdischen Tradition her füllen, in der Paulus steht. Dort werden als Sünder alle diejenigen bezeichnet, die fern von Gott ohne Kenntnis seiner guten Weisung, d.h. der Tora leben. Mit dieser Bezeichnung soll niemand moralisch abgewertet werden, vielmehr wird so zunächst das Gottesverhältnis der nichtjüdischen Völker beschrieben. Außerhalb des Römerbriefes findet diese klassisch-jüdische Verortung der Völkerwelt ihren Niederschlag in der Gegenüberstellung von Nahen und Fernen im Epheserbrief (siehe Eph 2,11-22). Nach Paulus ist der Tod Jesu demnach als eine Dahingabe seines Lebens für diese Fernen, abseits der Gerechtigkeit Gottes Lebenden zu verstehen, die in der Geschichte (so auch in der Kreuzigung!) immer wieder zu Feinden Israels geworden sind. Von hier aus wird verständlich, warum Paulus die positive Wirkung des Kreuzestodes Jesu als einen Akt der Versöhnung bezeichnet. Dieses Ereignis, das Gott den Völkern nicht als Verfehlung anrechnete (siehe 2. Kor. 5,18), setzt durch die darauffolgende Auferstehung für die früher Gottesfernen einen neuen Anfang. Denn aus ›Feinden‹ sind sie jetzt zu Genossen im Bund mit Gott geworden. Aus dem Status ihrer früheren Gottlosigkeit wurden sie zu Gott, seiner Tora und damit seiner Gerechtigkeit geführt. Sie wurden damit, um das berühmte Wort des jüdischen Neutestamentlers Pinchas Lapide zu benutzen, gegenüber Gott und Israel »entfeindet«. Dies alles konnte dadurch geschehen, daß der Jude Jesus aus Nazareth sein Vertrauen vollkommen auf den Gott Israels setzte, daß nicht den Gewalttätern, die seine Gerechtigkeit mit Füßen treten, die Zukunft überlassen bleibt.

Der Tod Jesu sowie seine Auferstehung entfalten ihre heilvolle Kraft in der Versöhnung der nichtjüdischen Menschheit mit dem

Gott Israels und seinem Volk. Angesichts der dieser Erkenntnis zuwiderlaufenden Geschichte des jüdisch-christlichen Verhältnisses muß daher zusammengefaßt werden: Wenn Christinnen und Christen aus den Völkern sich gegenüber Jüdinnen und Juden nicht im Geiste der Versöhnung, sondern feindlich verhalten, »dann bezeugen sie, daß der Tod Jesu Christi als Werk der Versöhnung umsonst ist« (P. v. d. Osten-Sacken, S. 107).

Diese zwischen Israel und nichtjüdischer Welt geschehene Versöhnung soll natürlich auf alle Lebensbereiche übergreifen, damit die neue Zukunft Gottes für die Menschen, die Paulus in 2. Kor. 5,17 als neue Schöpfung bezeichnet, Wirklichkeit wird.

Am Ende unserer Überlegungen muß betont werden, daß auch angesichts der in der Auferstehung Jesu deutlich gewordenen Versöhnung den früher und auch jetzt millionenfach gestorbenen Toden noch nichts von ihrer Grausamkeit genommen worden ist. Damit aus Kreuz und Auferstehung Hoffnung für viele und damit auch für die heute noch Fernen werden kann, ist daher der praktische Vollzug wichtig, der aus diesen Geschehnissen zu folgern ist: Der Versuch, alle Kreuze, die Menschen einander errichten, zum Verschwinden zu bringen. Denn die Botschaft von der Versöhnung erweist ihre Wahrheit allein durch ihre Bestätigung im konkreten Handeln versöhnter Menschen untereinander, nicht abseits von ihnen und erst recht nicht über sie hinweg.

Literatur

Marquardt, Friedrich-Wilhelm, Das christliche Bekenntnis zu Jesus, dem Juden. Eine Christologie, Bd. I, München 1990

v.d.Osten-Sacken, Peter, Grundzüge einer Theologie im christlich-jüdischen Gespräch, München 1982

Wengst, Klaus, Ostern – ein wirkliches Gleichnis, eine wahre Geschichte, München 1991

5. Ist Jesus Gottes Sohn?

Friedrich-Wilhelm Marquardt

Es wäre gut, wenn wir uns zunächst darauf verständigen könnten, die knallharte Frage »Ist Jesus Gottes Sohn?« umzubauen und in zwei andere Fragen zu zerlegen: 1. Wissen wir denn, was wir *tun*, wenn wir uns in der Kirche zu Jesus von Nazaret bekennen, indem wir ihn als »Gottes Sohn« anrufen? 2. Was meinen wir denn überhaupt, wenn wir Jesus Gottes Sohn nennen?

Nur beispielsweise seien drei Bedenken genannt gegen eine Gottessohnschaft Jesu. 1. Mohammed hat im Koran mehrfach grundsätzlich gelehrt, daß es sich »nicht zieme«, Gott einen Sohn anzudichten. Denn was wir unter einem Gott verstehen, ist eine unteilbare Einheit und Ganzheit, in sich nicht gespalten in zwei Wesenheiten. Vor allem heißt es im Koran: Gott braucht keine ›Hilfe‹ – ein Gedanke, in dem sich die bis zum heutigen Tage gelebte orientalische Sitte widerspiegelt: Ein Sohn *hilft* seinem Vater. Es ist aber für Mohammed »unziemlich«, sich einen hilfsbedürftigen Gott vorzustellen; denn Gott – das ist doch der Allmächtige! Es kann kein *Gebet* zu einem ›Sohn Gottes‹ geben. Das würde Gott seiner Einzigkeit berauben. Tatsächlich ist auch für viele Christen ein Beten zu Jesus ein großes Problem.

2. Im Kapitel über den dreieinigen Gott (*s.o., II.2*) hörten wir schon, daß solche Einwände des Islam vom ›monotheistischen‹ Judentum geteilt werden (wie übrigens auch von der ganzen mittelalterlichen und vieler neuzeitlicher Philosophie). Doch im vielgestaltigen Judentum gibt es einen weiteren Einwand, der wie ein Gegenteil klingt zum rational begründeten Einheits-Gedanken. Wieso rechnen die Christen mit nur einem ›Sohn‹ Gottes, wieso isolieren und verabsolutieren sie die Gottessohnschaft nur eines Menschen – wo Gott doch nach dem Teil der Bibel, den Christen und Juden gemeinsam haben, viel mehr als nur einen einzelnen Menschen als seinen ›Sohn‹ anredet, ja sogar: das ganze jüdische Volk seiner Erwählung?

3. Genug einander widersprechende Vorbehalte gegen einen ›Sohn Gottes‹ gibt es nun aber auch im Christentum. Ich rede jetzt nicht von alten Zeiten mit ihren christologischen Lehrstreitigkeiten dar-

über. Viele Christen machen heute Gründe ihres religiösen Bedürfnisses gegen dieses christliche Bekenntnis geltend; z.B. in unserem unmenschlichen Jahrhundert, in dem soviel Gottvertrauen zerstört wurde, brauchen wir nichts so sehr wie das Vorbild eines *guten* Menschen, der Verachtung, Hunger, Unbehaustheit, Verfolgung, Folter und Tod erleidet und sich doch nicht wegwirft, – an seinen Mitmenschen nicht verzweifelt, und an dem trotz allem innere Haltekräfte durchscheinen, die Hoffnung für andere signalisieren. Nach der politischen, gesellschaftlichen, auch vieler kirchlichen Götterdämmerung, in der auch der christliche Gott zum Schweigen gebracht wurde, ja womöglich umgekommen ist, rettet uns »kein höheres Wesen« mehr, nur noch etwas, was uns letzte Reste eines Glaubens an die Menschheit gibt und Hoffnung macht auf das Gelingen eines besseren, neuen Menschseins. ›*Menschen*sohn‹ – ja! ›*Gottes*sohn‹ – nicht mehr!

Ganz anders empfinden andere Gruppen von Christen: In unserer Zeit, wo alle höheren Ideen verweltlicht, alle alten Werte vermenschlicht, zerredet, von der Allgewalt des Marktes und Geldes kapitalistisch zersetzt, erniedrigt, entwertet werden, brauchen wir kein Menschenbild mehr, das uns gleich sei, auch keinen Spiegel des Menschlichen, in dem wir doch nur uns selbst in unserer Krankheit erblicken können – wir brauchen das Transzendente, Unbekannte, Geheimnisvolle, wir brauchen nicht Gott wie einen Menschen, sondern einen Menschen – zwangsfrei, unbestimmt wie Gott. Ein ›Sohn‹ Gottes wäre allzu menschengestaltig, etwas uns allzu Ähnliches; Mittel zur Selbsterkenntnis haben uns aber die Wissenschaften, Künste, die Propaganda und Religionsinstitute schon genug geschaffen – einen Sprung ins Jenseits hätten wir nötig. Und darum: Transzendenz – ja! Aber ein menschengestaltiger Gott – nicht mehr!

Allerdings haben wir in den Kirchen auch wieder andere Gruppen, die zu allen diesen Bedenken gegen einen Gottessohn Nein sagen. Ob wir einen »Sohn Gottes« *denken* können, ob er gut ist für eine Erfüllung unserer *Bedürfnisse*, sei völlig egal; die Heilige Schrift verkündigt uns Jesus von Nazaret und sagt: Der ist der Sohn Gottes. Ob wir es verstehen, ob bejahen können – wir müssen es glauben, seiner ganzen Eigenart nach ist das etwas, was man überhaupt nur glauben *kann*, einen anderen Schlüssel dafür gibt es nicht. – Freilich sehen sie darüber hinweg, wie selten Jesus im Urzeugnis des Neuen

Testaments überhaupt nur ›Sohn Gottes‹ genannt wurde – verglichen damit z.B., wie häufig seine frühen Zeugen ihn als ›Christus‹, Messias oder als ›Herr‹ erfahren haben. Und der Name ›Sohn Gottes‹, wie er im Neuen Testament und später im Dogmen-Bekenntnis der Kirche verstanden wurde, meint dort auch jeweils sehr Verschiedenes. Wir wollen hier darauf nicht näher eingehen. Nur grob dies: Im Bekenntnis der Kirche umschreibt der Name ›Sohn Gottes‹ das gegenseitige Verhältnis zwischen Gott und Jesus; im Neuen Testament dagegen ist es ein Wort praktischer Lebensbeziehung der Menschen zu Jesus, die ihn so anreden: »Du bist Christus, der Sohn Gottes« (Matth 16,16). Petrus sagt damit mindestens soviel über sich selbst aus – und die Art, in der ihm Jesus *begegnet*, und welche Worte er findet, um das auszudrücken, was ihm mit Jesus begegnet – wie über Jesus selbst. Wir können sagen: In der kirchlichen Lehre wurde ›Sohn Gottes‹ zu einem Seins-Wort, während es im Neuen Testament ein Verhältnis-Wort war. Sicher können wir nach unterschwelligen Verbindungen zwischen beiden Bedeutungen fragen, aber wir sollten nicht von vornherein so tun, als gäbe es da keine Fragen. Ich persönlich empfinde es als großes Glück und Geschenk, daß es zwischen dem kirchlichen Bekenntnis und dem Bibelzeugnis ein großes Spielfeld offener Fragen gibt. Dadurch kann der Glaube das Zwangskorsett der Selbstverständlichkeit verlieren und uns ermutigen, nicht etwas im Glauben zu beantworten, wofür wir gar keine Fragen mehr kennen. Keine Antwort ohne Frage!

Was hatte die Kirche der alten Zeiten sich gedacht, als sie ins Bekenntnis den Satz aufnahm: Ich glaube »an Jesus Christus, Gottes eingeborenen Sohn«? – Aufs kürzeste und in den Grenzen meines Verstehens folgendes. Die Kirche nannte Jesus von Nazaret ›Sohn Gottes‹ und versuchte mit diesem Namen ein *inneres Verhältnis* zwischen Gott und Jesus auszudrücken: so eng und liebevoll, wie ein menschliches Vater-Sohn- und Sohn-Vater-Verhältnis erfahren werden kann, aber auch ebenso streng und machthaltig, auch so auf Gehorsam und Recht gegründet. Dabei wollte die Kirche dies nicht nur zwischen Himmel und Erde, Gott und Mensch wirksam sehen, vor allem wollte sie sagen: Gott hat Jesus von Nazaret auch *verinnerlicht*, er pflegt eine Herzensbeziehung zu diesem Sohn, und die bestimmt alles, was er als ›wahrer Gott‹ selbst sein, empfinden, planen und durchführen will. Und das Umgekehrte wollte die Kirche auch sagen: Jesus von Nazaret hat Gott verinnerlicht, kämpft um eine von innen kommende Hingabe an Gott und bestimmt davon seine ganze Eigenart, alles, was er als ein ›wahrer Mensch‹ nach Gottes Willen tun und lassen, bejahen und verneinen, erkämpfen und erdulden, sagen und auch nicht sagen, sogar verschweigen soll.

Die Kirche war nun der Meinung, die *Innigkeit* dieser Gott-Jesus-Jesus-Gott-Beziehung auch dadurch unterstreichen zu können, daß sie sie als grenzenlos beschrieb: grenzenlos zwischen Himmel und Erde, grenzenlos innig auch in der Zeit. Gott hat für Jesus nicht erst ein Herz gefaßt, als Jesus (auf Erden) schon ›da‹ war, seine Herzlichkeit war keine Reaktion auf besonders auffallende und liebenswerte Züge an Jesus – etwa eine besondere Treue zu Gott, eine besondere Hingabebereitschaft, eine besondere Zärtlichkeit im betenden Reden mit Gott (»mein Vater«). Nein, lehrte die Kirche, Gott hatte Jesus schon immer im Sinn, war immer schon auf Jesus aus; er orientierte sich in seiner Gottheit, also in sich selbst, auf so einen wie Jesus hin.

Die Kirche wollte und mußte den Menschen zeigen, ob, daß und inwiefern die innige Beziehung zwischen Jesus und Gott auf *voller Gegenseitigkeit* beruht, – ob, daß und inwiefern sie also eine wirkliche *Bundes*beziehung ist, wie sie auch zwischen Gott und dem jüdischen Bundesvolk besteht, wo ja nicht nur Gott diese Menschen, sondern diese Menschen auch diesen Gott gewählt hatten. In ihrer Christologie versuchte die Kirche, jene Bundeswirklichkeit der Korrelation von Gott und Mensch zu bewahren, wie sie in den gleichen Zeiten das Judentum von Mischna und Talmud, von Tannaiten und Amoräern, als Grunderfahrung seines Zusammenlebens mit Gott festhalten wollte. In der Zeit, in der die Kirche die innige Liebesbeziehung zwischen Gott und Jesus ›christologisch‹ beschrieb, hat das Judentum die gleiche Aufgabe gesehen: die innige Bundesbeziehung zwischen Gott und Israel zu beschreiben. Beide überschritten dabei die Einseitigkeit einer Allein-Initiative Gottes im Verhältnis zum Menschen, wie sie oft im Alten Testament und sehr oft im Neuen begegnet. Kirchliche Christologie und talmudisches Judentum stehen zur gleichen Zeit vor derselben Aufgabe und versuchen sie mit vergleichbaren Mitteln zu lösen.

Vielleicht kann aber die (bisher so gut wie überhaupt nicht beachtete) Erkenntnis einer Parallelität zwischen dem Entstehen einer kirchlichen Christologie und dem Bundesdenken der Generationen des Talmud eine Hilfe bringen, besser als bisher die geschichtlichen Zusammenhänge zu begreifen, in denen das kirchliche Dogma steht, damit zugleich auch den inneren, inhaltlichen Sinn der geistigen Tendenzen dabei. Schließlich mag uns das vielleicht auch helfen, einen heutigen Zugang zu der Frage ›Ist Jesus der Sohn Gottes?‹ neu zu finden.

Dazu zum Schluß. Nach meiner Einsicht kommt es für ein theologisches Umdenken im christlich-jüdischen Verhältnis nur im äußersten Notfall auf so etwas wie einen ›Besitzverzicht‹ an christlicher Erkenntnis, gar christlichem Bekenntnis an. Wir müssen auf die Lehre von der Gottheit Christi nicht »verzichten«, uns gebührt nur, sie neu zu denken zu versuchen. Einen Schritt in diese Richtung öffnete mir die Aussage eines jüdischen Gelehrten, Zwi Werblowskys: den Juden bedeute die *Tora* eben das, was den Christen der *Christus* bedeute. Und tatsächlich weiß jüdisches Lehren von der Tora, dem Gesetz des Mose, wie von einer Person zu reden; und es gibt manchen Grund dafür, die christliche Lehre vom ›Sohn Gottes‹, der von aller Ewigkeit her beim ewigen Vater lebt, schon *vor* der Schöpfung aller Dinge, eine Übertragung von eben dem gleichen Gedanken auf Jesus zu nennen, der im Judentum von der Tora gedacht wird.

In 2.Mose 4,22 sendet Gott seinen Diener Mose zu Pharao von Ägypten mit dem Botenauftrag: »So sollst du zu Pharao sagen: So spricht der Herr: Israel ist mein Sohn, mein Erstgeborener, und ich befehle dir: Laß meinen Sohn ziehen, daß er mir diene!« Bei mehr Zeit und Raum wäre über jedes einzelne Wort besonders nachzudenken. Hier halten wir nur fest: Gott läßt durch Mose der ganzen Welt öffentlich erklären: Israel, das jüdische Volk, ist »mein Sohn«, bestimmt zur Freiheit und zum Dienst Gottes. – Jeremia 31,20 überliefert uns der Prophet einen Gottesspruch: »Ist eigentlich Ephraim mein teurer Sohn, ist er mein Lieblingskind? Sooft ich von ihm rede, muß ich immerfort seiner gedenken. Darum stürmt mein Herz ihm entgegen, ich muß mich seiner erbarmen, spricht der Herr.« Ephraim steht für den Teil des jüdischen Volkes, der nach der Teilung des Salomo-Imperiums das Nordreich Israels gebildet hatte. Gott nennt diesen Volksteil: treuen Sohn, Lieblingskind (oder »Kind des Ergötzens«, an dem Gott sich ergötzt). An diesem Volk hängen alle seine Gedanken, dies ist ihm innere Herzenswirklichkeit, dieses Sohnes »muß« er sich (von innen her!) erbarmen.

Nur zwei Hinweise von vielen mehr aus unserer Bibel. Einzelne in Israel – Könige, Propheten – heißen ›Sohn Gottes‹, sie sind gerade unter diesem Namen Stellvertreter des ganzen Volkes; ›Sohn Gottes‹ in erster und unüberholbarer Bedeutung aber heißt das Volk Israel, mit dem Gott einen ewigen Bund geschlossen hat und an das er sich selbst auf Gedeih und Verderb gebunden hat.

Ich halte es für ausgeschlossen, den Gottessohn Jesus in Zukunft anders zu bestimmen als aus dem Bundeszusammenhang zwischen Gott und Israel, wie er zur gleichen Zeit jüdisch aufgefaßt wurde, in der die Kirche die Persongemeinschaft zwischen Gott und Jesus zu klären versuchte. Beide denken die Beziehung als Vater-Sohn-Beziehung. Beide: als Beziehungen, die im Inneren Gottes gründen, ihn innerlich bewegen, beide also: als Innigkeitsbeziehungen. Nicht mehr halte ich es für möglich, den Gottessohn Jesus auszuspielen gegen den Gottessohn Israel. Geboten scheint mir, die Gottessohnschaft Jesu aus der Gottessohnschaft seines jüdischen Volkes heraus, nur im Zusammenhang mit ihr zu begreifen.

Also: Ja – Jesus ist Sohn Gottes, weil er Jude und Sohn seines Volkes Israel ist.

Das heißt praktisch: Mein Bekenntnis zu Jesus, dem Sohn Gottes, ist mein Bekenntnis zu Jesus, dem Juden. Mein Bekenntnis zu ihm wäre leer, wenn es nicht Bekenntnis zu einer praktizierten und theologisch-bewußten Anhänglichkeit an sein Volk wäre. Von seiner Zugehörigkeit zum Volk, an das Gott sich bindet, erhält er seine Gottesbindung – und Gott die seine an ihn.

Alle weiteren Fragen einer Lehre von der Person Christi mögen hierin ihr Richtmaß suchen.

6. Sind die Juden schuld am Tod Jesu?

Leonore Siegele-Wenschkewitz

Von all dem, was wir über das Leben des Jesus von Nazareth wissen, kann seine Kreuzigung durch die Römer zur Zeit des Präfekten Pontius Pilatus im Zusammenhang eines Passafestes in Jerusalem als das sicherste historische Faktum seines Lebens angesehen werden. Die im Neuen Testament gesammelten Texte berichten davon: die Briefe des Apostels Paulus und die Evangelien. Die Kreuzesstrafe war vor allem in Rom und in Italien Hinrichtungsurteil für Sklaven und Freigelassene und erst recht in Palästina – das zu dieser Zeit eine unter römischer Herrschaft stehende Provinz ist – Hinrichtungsmittel für Aufständische oder deren Sympathisanten bzw. solche, die dafür gehalten wurden. Zweifellos war auch für die Kreuzigung Jesu ein politisches Motiv entscheidend. Jesus ist so gut wie sicher als politischer Rebell von den Römern hingerichtet worden. Das Apostolische Glaubensbekenntnis beschreibt die Verantwortlichkeit der römischen Besatzungsmacht korrekt, wenn es sagt: »gelitten unter Pontius Pilatus«.

In beinahe zweitausend Jahren Kirchengeschichte hat sich dagegen die Auffassung ausgebreitet und ist zu einem antijüdischen Vorurteil geworden: die auch heute noch in den Köpfen und Gemütern von Christenmenschen herumgeisternde Idee von ›den Juden‹ als Christusmördern. Viele Christinnen und Christen antworten auch heute noch auf die Frage, was sie von den Juden wissen, zuerst: »Sie haben Jesus gekreuzigt«. Derartige Reaktionen, hinter denen der alte antisemitische Vorwurf des ›Gottesmordes‹ zu sehen ist, zeigen, daß die Frage nach dem Prozeß Jesu, nach den Ereignissen, die zu seiner Hinrichtung führten, noch immer ein belastendes Problem der christlich-jüdischen Beziehungen darstellt.

Wie ist es zu einem solchen verzerrten christlichen Geschichtsbild gekommen? Es ist vor allem die Sicht und die Beschreibung der Evangelien, die den Pilatus entlasten und die Juden beschuldigen. Die Evangelien sind von ihren Verfassern ja auch keineswegs in der Absicht geschrieben worden, das Geschehene historisch nüchtern und exakt zu berichten. In den Evangelien haben wir Glaubensurkunden vor uns, Urkunden, die von Nichthistorikern in theologischer Absicht verfaßt wurden. Die Evangelisten wollten nicht Berichterstatter sein, sondern Verkünder, um den christlichen Glauben an Jesus, den Messias, zu vertiefen und zu verbreiten, verfaßt etwa 40-80 Jahre nach der Kreuzigung Jesu. Alle Evangelisten bemühen sich zu verschweigen, daß die Todesstrafe über Jesus von Pilatus, dem Statthalter des römischen Kaisers, verhängt worden ist. Dies Bemühen findet seine Erklärung in der Notlage, in der die Kirche – spätestens seit dem Kaiser Nero – sich befand. Angesichts der Verfolgungen von Juden und Christen durch Rom hatten die Evangelisten Anlaß, sich um die Gunst oder mindestens die Duldung der Staatsmacht zu bewerben, deren Repräsentant der war, der Jesus von Nazareth hatte als ›Judenkönig‹ – wie die Kreuzesinschrift sagte – ans Kreuz schlagen lassen.

Das Interesse der frühen Christenheit, es sich mit Rom nicht zu verderben, steht dahinter, wenn sie Pilatus entlastet und entschuldigt und die Juden beschuldigt. Die Tradition hat diese Geschichtssicht aufgenommen und zu einer immerwährenden Kollektivschuld verstärkt. So kann z.B. der große Kirchenvater Origines, ein Mann, der die anderen Kirchenväter an Gelehrsamkeit und intellektueller Tiefe überragte, feststellen: »Nicht an jenen nur, die Jesu Zeitgenossen waren, fürwahr an allen künftigen jüdischen Geschlechtern haftet das Blut Jesu bis ans Ende aller Zeiten«. Auf diese Weise hat christliche Theologie das Auseinandergehen der Wege von Christentum und Judentum bewirkt und verarbeitet. Daß aus der jüdischen Mutterreligion eine eigenständige getrennte christliche Religion hervorgegangen ist und sich abgespalten hat, ist mit Hilfe der Kreuzestheologie begründet worden. Das Kreuz – so wurde theologisch argumentiert – symbolisiert auf signifikante Weise den Gegensatz zwischen Christentum und Judentum. Weil die Juden den Messiasanspruch Jesu zurückgewiesen haben und ihn nicht akzeptieren konnten, war Jesus für sie des Todes schuldig.

Erst Anfang der 60er Jahre unseres Jahrhunderts haben jüdische und christliche Wissenschaftler angesichts solcher theologischer Deutungen der Ereignisse um Jesu Tod in Jerusalem historisch-kritische Forschungen angestellt über den Prozeß und den Tod Jesu. Sie haben das falsche Bild von der Schuld der Juden am Tod Jesu zurückgewiesen und die politischen, rechtlichen, religiösen und sozialen Verhältnisse in Palästina im 1. nachchristlichen Jahrhundert rekonstruiert. Das Ergebnis beschreibt Paul Winter 1961 in seinem Buch *On the Trial of Jesus* – Über den Prozeß Jesu: »Es besteht ... kein Zweifel daran, daß das Verfahren von Anfang an in den Händen des römischen Statthalters lag; daß er es war, der römische Truppen aussandte, um Jesus zu verhaften, er, der den jüdischen Lokalbehörden auftrug, das Vorverfahren einzuleiten, er, der das Todesurteil sprach und die Kreuzigung verfügte... Es war nicht Pilatus, der unter Zwang stand, als er Jesus in den Tod gab; es war der Hohepriester und der Hohe Rat, das sogenannte Synedrium, die sich unter dem Druck des Militärpräfekten bereit fanden, dem Pilatus Handlangerdienste zu leisten und sich dazu benutzen ließen, den Prozeß gegen Jesus vorzubereiten.«

Mit Eindeutigkeit kann also gesagt werden: die politisch-rechtliche Verantwortlichkeit für den Tod Jesu lag bei Rom; die politischen und religiösen jüdischen Autoritäten waren Handlanger Roms. Das jüdische Volk aber stand im Passionsgeschehen auf der Seite Jesu. Gemäß dem Johannesevangelium (11,48) mußte Jesus vor dem Fest schnell beseitigt werden, sonst würden »alle an ihn glauben«, denn – so schreibt der Evangelist Lukas (19,48) – »das ganze Volk hing an ihm und hörte auf ihn«. Er mußte nach dem Markusevangelium (14,2) heimlich beseitigt werden, »damit kein Aufruhr des Volkes« seinetwegen ausbrach. So stellt sich die Haltung der jüdischen Zeitgenossen zum Juden Jesus aufgrund historischer Forschung sehr differenziert dar. Ein Kollektivschuldvorwurf ist eine Absurdität – aus historischen ebenso wie aus sozialpsychologischen Gründen. Wer würde aufgrund der neueren Forschungen etwa den Römern eine Kollektivschuld am Tod Jesu aufbürden, wer den Franzosen immer und ewig den Tod der Heiligen Johanna von Orleans vorwerfen?

Halten wir uns vielmehr an die theologische Deutung vom Kreuz Christi, die sowohl im Neuen Testament als auch in der Tradition der Kirche verkündet, daß Jesus in einem eschatologischen, endzeitlichen Heilsgeschehen nach dem Willen Gottes zur Erlösung der Menschen gelitten hat und gekreuzigt wurde. In der theologischen Deutung ist darum verantwortlich an diesem Geschehen zum einen die Gesamtheit der Menschen beteiligt, die durch ihre Schuld der Erlösung bedarf, zum anderen Gott, der die Menschheit nicht in ihrer Schuld umkommen läßt, sondern sie erlöst, indem er »seinen Sohn in den Tod dahingibt« (Röm 4,25; 8,32; 1.Kor 15.,3; Phil 2,8f.).

Dieses »Wort vom Kreuz« – wie Paulus es im ersten Korintherbrief (1,18) nennt – wird verkündigt, damit die Angesprochenen ihre Schuld vor Gott erkennen und die ihnen geschenkte Erlösung im Glauben annehmen. Wer auf das Wort vom Kreuz hört und die Schuld für die Kreuzigung Jesu nicht bei sich selbst, sondern bei jemand anderem sucht, weicht der Anrede Gottes aus, weist sein Angebot zurück und wird erneut schuldig.

Literatur

Heinz-Wolfgang Kuhn: Art. Kreuz II. Neues Testament und frühe Kirche (bis vor Justin), in: Theologische Realenzyklopädie 19, Berlin/New York 1990, 713-725.

7. Warum glauben Juden nicht an Jesus Christus?

Ruth Lapide

Das Wort Messias ist ein hebräischer Begriff und sein Inhalt ist nicht minder jüdisch. Denn ›Meshiach‹ heißt ›der Gesalbte‹, eine biblische Verheißung, die manche Entwicklung (etwa vom Hohenpriester über den König) erfahren hat, bis sie zum Inbegriff des Erlösers geworden ist. Mehr noch: Vom Judentum ausgehend hat die Messias-Erwartung auch das Christentum mit geprägt und sozusagen ›messianisiert‹.

Mit begeisterten Wortbildern schildern die Propheten Israels, zum Beispiel Jesaja, das ersehnte messianische Zeitalter, das Königtum Gottes auf Erden, das den all-umfassenden Schalom zwischen
Mensch und Gott
Mensch und Mitmensch und sogar zwischen
Mensch und Natur

ermöglichen wird. »Sie werden ihre Schwerter umschmieden zu Pflugscharen ... und das Kriegshandwerk nicht mehr lernen fürderhin«, wie es so vielversprechend heißt (Micha 4,3; Jesaja 2,4). Von Jesu Lebzeiten bis heute verstummt die jüdische Frage nicht: Ist es nun endlich soweit? Eine Bestandsaufnahme unserer Welt, damals und heute, gibt in all ihrer Tragik eine negative Antwort.

Trotz der brennenden Naherwartung, die Jesu jüdische Zeitgenossen ergriffen hatte, war die messianische Zeit leider nicht angebrochen. Dessen ungeachtet folgten ihm viele Tausende von Juden und Jüdinnen, die ihn für den ›Malka Meschicha‹, d.h. ›König Messias‹ hielten. Wer waren denn zum Beispiel die Tausende von Menschen, die sich rund um das Seeufer des Tiberiassees versammelten, um seine Botschaft zu hören, und das in solchen Mengen, daß er auf einem Boot zu ihnen sprechen mußte? Juden und Jüdinnen waren es allemal.

Seine jüdische Gefolgschaft verursachte erhebliche messianische Wallungen in Jerusalem und ganz Judäa, wie etwa bei seinem spektakulären Einritt nach Jerusalem am ›Palmsonntag‹, mit den Juden verständlichen messianischen Vorzeichen. Genau deshalb wurde er von den grausamen Landesokkupanten, den Römern, als INRI, will heißen »Jesus Nazarenus Rex Judaeorum« (Jesus aus Nazareth, König der Juden) ans Römerkreuz genagelt.

Nur die Römer durften kreuzigen, und das Recht der Begnadigung hatte Pilatus, der Prokurator. Dieser war einer der grausamsten römischen Herrscher, wie nicht nur die jüdischen zeitgenössischen Quellen belegen, sondern auch römische Berichte bezeugen. In unserer Sprache kann man ihn als eine Art Gauleiter im besetzten Judäa bezeichnen, der prozeßlos und prozedurlos Juden kreuzigen ließ, wenn es in sein Konzept paßte. Nach römischem Recht wurden zwei Kategorien von Verurteilten gekreuzigt:

a) entlaufene Sklaven,
b) Rebellen gegen das Reich, will heißen Volksaufwiegler, Unruhestifter und ›Königsanwärter‹.

Alle anderen Delinquenten wurden enthauptet.

Wie wir durch die Evangelien wissen, war Jesus Jude, Sohn einer jüdischen Mutter, am achten Tag seines Lebens beschnitten wie alle jüdischen Knaben (eine Tatsache, die im christlichen Abendland zum späteren Neujahrsfest, dem 1. Januar, führte, am achten Tag nach der Geburt des Heilands, also seiner Judewerdung). Am 40. Tag seines Lebens wurde er im Tempel zu Jerusalem von seiner Mutter ›ausgelöst‹, nach altem jüdischen Brauch – was später zum christlichen ›Maria Lichtmeß‹ wurde. Im Tempel beging er dann mit 13 Jahren seine Bar Mizwa-Feier, d.h. die liturgische Gleichberechtigung in der Gemeinde.

Er trat als begnadeter Tora-Lehrer auf, wurde als Rabbi verehrt, lehrte und predigte »in all ihren Synagogen in Galiläa« (Markus 1,39). Er führte nach jüdischem Brauch viele Lehrgespräche um Auslegungsfragen mit pharisäischen Kollegen und gehörte einer der sieben pharisäischen ›Schulen‹ an. Diese Lehrgespräche wurden später durch die ›Endredaktoren‹ des Evangeliums als ›Streitgespräche‹ tradiert.

Seine Entscheidungen und Parabeln enthalten echtes Sondergut, bewegen sich aber deutlich innerhalb des jüdisch-pharisäischen Lehrgutes. Nichts, was Jesus tat, lehrte oder unterließ, sprengte die Grenzen des Judentums – was zum Beispiel die fälschlich so benannten ›Antithesen‹ (in der Bergpredigt, Matthäus 5) ohne weiteres beweisen.

- Er verurteilt dort z.B. nicht nur den Mord, sondern, vertiefend, auch den Rufmord (5,22).
- Er verurteilt dort z.B. nicht nur den Ehebruch, sondern, verschärfend, auch bereits einen lüsternen Blick (5,28).
- Er verurteilt nicht nur das »falsche Schwören«, sondern das Schwören überhaupt (5,34).

Also steht vor uns ein Thora-Verschärfer, ein Thora-Vertiefer und keineswegs ein ›Aufheber‹ oder Gründer einer neuen Religion. Er war nicht einmal bereit, auf die Lappalie der »Verzehntung von Dill, Minze und Kümmel« zu verzichten (Matthäus 23,23).

Im Alter von ca. 33 Jahren kündigte er seinen freiwillig auf sich genommenen Sühnetod für andere an: »Keiner nimmt mir mein Leben, ich gebe es freiwillig dahin«. Er reiht sich ein in die Schar großer jüdischer Märtyrer.

Warum also können Juden ihn nicht als Messias annehmen?

1. Er selbst trat nie öffentlich und deutlich als Messias auf.
2. Er verbot seinen Jüngern und Bekannten eindringlich und wiederholt, sein ›Leidensgeheimnis‹ zu lüften.

3. Er entzog sich wiederholt allen Huldigungen von seiten der Volksmenge und »entwich ihnen« (z.B. Matthäus 12,15). Er vollbrachte seine meisten Heilungen unter dem Siegel der strengsten Verschwiegenheit (z.B. Markus 5,43).
4. In den knappen drei Jahren seiner öffentlichen Lehrtätigkeit konnte er unter den damaligen Bedingungen keineswegs das ganze Volk erreichen, sondern nur eine sehr begrenzte Anzahl von Menschen.
5. Tragischerweise ist unsere Welt noch immer so schrecklich unerlöst.

Die jüdische Glaubens-Infrastruktur von (gegebenenfalls) Sünde, Reue, Wiedergutmachung, Gnade und erhoffter Wiederannahme durch Gott ging im Namen Jesu in den christlichen Glauben über. Genau so auch der Glaube an das so sehnlich erwartete Königtum Gottes, das Himmelreich, die Vergebung der Sünden, die Auferstehung der Toten und viel Heilsgut mehr.

Das Judentum erwartet eben keinen überirdischen Erlöser. Dieser soll nicht göttlicher Natur sein, noch muß er von einer Jungfrau geboren werden. Wunderheilungen sind kein Nachweis der Messianität – siehe etwa Mose, Elia oder Elisa, die solche ebenfalls vollbracht haben. Der Messias muß nicht von den Toten auferweckt worden sein und seine eventuelle Kreuzigung ist kein Anstoß (skandalon). Im Gegenteil: Christen und Juden sollten, um Himmelswillen, gelegentlich auch der 6000 gekreuzigten anderen Juden gedenken, die allein unter Pilatus ans römische Kreuz genagelt wurden, ohne Prozeß, ohne Verhandlung und Wenn und Aber. Die Abertausende gekreuzigter Juden vor und nach Pilatus sind hier nicht unser Thema.

Die »Sohn-Gottes«-Würde ist, im Kontrast zum viel späteren griechischen Begriff, eine großartige jüdische Begnadung, der Lebensweg eines Menschen gemäß dem biblischen Rahmen. Psalm 2 gar spricht ja von der göttlichen Adoptionsformel der davidischen Könige: »Du bist mein geliebter Sohn, heute habe ich Dich gezeugt«.

Ganz anders verhält es sich, wie bekannt, mit der späteren griechischen Gottessohnschaft, die im Mittelmeerraum ganz anders verstanden wurde.

Übrigens fühlten sich nicht weniger als 19 jüdische Männer von der Antike bis in unsere Tage von einer messianischen Sendung beseelt – eine Begeisterung, mit der sie zeitweilig viele Tausende jüdischer Menschen anzustecken wußten. Mit ihrem Scheitern jedoch trieben sie viel Volk in die Verzweiflung. Allein auf den Seiten des Neuen Testaments treten uns drei solcher jüdischer Männer entgegen: Judas Galiläus (Apg 5,37), Theudas (Apg 5,36) und der sogenannte »Ägypter« (Apg 21,39). Sie scharten jüdische Menschen um sich, waren Charismatiker und wurden schließlich von den Römern als Aufwiegler gekreuzigt.

Was also sind die wesentlichen Grenzsteine zwischen Juden und Christen?

- die Trinität,
- die griechische Gottessohnschaft,
- die Zwei-Naturen-Lehre,

allesamt Begriffe, die dem Nazarener und seiner jüdischen Gefolgschaft total unbekannt waren. Im ganzen Neuen Testament ist keine Rede von einer ›Bekehrung Israels‹. Bei dem Damaskus-Erlebnis des Paulus erfahren wir (im Originaltext) von seiner Berufungs-Vision zu seinem jüdischen Messias.

Keine Zensur an heiligen Schriften soll hiermit geübt werden, aber ist es nicht an der Zeit, den ›Sitz im Leben‹ sowie die Entstehungsgeschichte einem mündigen Publikum endlich verkünden zu dürfen? Das wäre eines der vornehmsten Ziele des jüdisch-christlichen Gesprächs heute.

Das Christentum ist immerhin die einzige Weltreligion, deren Heiland zeitlebens einer anderen Religion angehört hat – dem Judentum.

Daher kann ein frommer Jude, eine fromme Jüdin, ein erfülltes Leben vollenden, ohne je dem Christentum zu begegnen.

Und der Christ, die Christin aller Konfessionen? Diese sind nicht in der Lage, ihr Neues Testament aufzuschlagen, ohne von Seite zu Seite dem Judentum zu begegnen. Dieser Disproporz führte auch jahrhundertelang zu Judenhaß und zur christlichen Enterbungslehre des Judentums. Ja, hervorgebracht hat Israel den Rabbi von Nazareth allemal, umgebracht haben ihn die Römer.

Wir alle täten gut daran, so zu glauben
wie Jesus es getan hat
oder mit ihm
- aber eben nicht an ihn.

Schließlich hat er selbst vehement betont, »Wer an mich glaubt, glaubt nicht an mich, sondern an den, der mich gesandt hat« (Joh 12,44). Und: »Gott wird sein alles in allem« (1 Kor 15,28).

Christus ist eben kein Nachname Jesu, sondern die schlichte Übersetzung des hebräischen Wortes ›Meshiach‹.

Wie recht hatte doch Franz Rosenzweig, als er in unserem leidgeprüften Jahrhundert äußerte: »Ob Jesus der Messias war, wird sich herausstellen, wenn der Messias kommt.«

Diese Streitfrage sollte Christen und Juden auf den ersten Sonntag nach der Vollerlösung vertagen, wenn der so sehnlich Erwartete uns alle aufklären wird, ob er schon einmal – als Messias – da war oder nicht. Inzwischen laßt uns doch – ohne jeden Synkretismus, ohne jede Vermischung unserer beiden Religionen – so leben, daß der Weg für sein Kommen geebnet sein wird. Es ist noch sehr viel zu tun, wir sollten es anpacken.

Wie stark der Messias-Glaube beflügeln kann, bezeugt auch das Gedicht jenes unbekannten Juden, das er inmitten der Hölle des von der SS belagerten Ghettos in Warschau an eine Wand gekritzelt hat:

»Ich glaub, ich glaub, ich glaube,
unerschütterlich und fromm
daß der Messias kommt.
An den Messias glaube ich
und wenn er auf sich warten läßt
glaub ich darum nicht weniger fest
selbst wenn er länger zögert noch,
an den Messias glaub ich doch
ich glaub, ich glaub, ich glaube!«

Literatur

Pinchas Lapide: Entfeindungsliebe, in: Wie liebt man seine Feinde?, 2. Aufl., Mainz 1984.

Ders., Der Streit um den Messias, in: Jesus – ein gekreuzigter Pharisäer? (GTB 1427), Gütersloh 1990.

Ders., Ist die Bibel richtig übersetzt? 2 Bde. (GTB 1415, 1441), Gütersloh 1986/1994.

IV. Kirche und Israel

1. Warum sollen sich Christen mit dem Judentum beschäftigen?

Peter Wagner

Die Frage ist an uns Christen gerichtet, und in der Tat müssen wir uns Rechenschaft ablegen, was wir denn wollen, wenn wir uns mit dem Judentum beschäftigen. Wem und wozu soll uns eine Kenntnis vom Judentum dienen? Und vordringlich wäre zu hören, was diejenigen selbst dazu meinen, die uns aus erster Hand über ihr Judentum und Judesein Auskunft geben können. Nehmen wir also an, wir legten jüdischen Gesprächspartnern diese Frage vor: Warum sollen sich Christen mit dem Judentum beschäftigen? Wie könnten sie möglicherweise reagieren?

Ich stelle mir vor, der erste würde die Hände heben und warnen: »Ja, warum sollen sie? Christen haben sich zweitausend Jahre mit uns beschäftigt, und das ist uns schlecht bekommen. Zu viele Juden haben diese ›Beschäftigung‹ nicht überlebt. Andere von uns hingegen wurden wie sie, assimilierten sich und gingen dem Judentum verloren. Laßt uns lieber in Frieden!«

Ein zweiter Gesprächspartner könnte sagen: »Warum sollen sie nicht, wenn sie etwas lernen wollen? Ich würde ihnen sicher auch, soweit ich es vermag, mit Auskunft zur Verfügung stehen.«

Ein Dritter würde sagen: »Ja, es wäre sehr gut, wenn ihr eine Beschäftigung mit uns beginnen könntet, die den Respekt voreinander fördert und den Menschen wohltut angesichts der prekären Situation, in der sich unsere Welt befindet.«

Ein Vierter könnte sagen: »Ihr Christen habt, was ihr habt, fast alles von uns. Aber wir erkennen unser Eigenes bei euch kaum wieder. Zum Beispiel euer Umgang mit unserer schriftlichen, wie ihr sagt, ›alttestamentlichen‹ Überlieferung, ein Umgang, der sehr anders ist als unsere jüdische Auslegungspraxis. Mir scheint, da gäbe es noch viel an Kennenlernen nachzuholen.«

So oder ähnlich mag uns geantwortet werden. Wir sehen, es gibt nicht nur unterschiedliche Reaktionen wie Abneigung, Entgegenkommen und Wohlwollen gegenüber unserem Wunsch, Judentum kennenzulernen, es kommt zugleich etwas von der Vielfalt jüdischer Wirklichkeit in ihren unterschiedlichen Facetten zum Vorschein. Dabei spielt es eine wichtige Rolle, wo jüdische Existenz jeweils gelebt wird: Ob in Israel oder in der Diaspora. Und wenn in der Diaspora, ob in Deutschland, dem Land der Täter, oder etwa in den USA, dem Land breiter und traditionsreicher jüdischer Lebensgestaltung. Wenn aber in Israel, dann ist von Bedeutung, ob wir es entweder mit säkularen oder mit religiösen Juden zu tun haben; ob sie Zionisten oder Postzionisten sind; ob sie sich zu den Orthodoxen halten, ob sie zu den Fundamentalisten gezählt werden. Alle Richtungen aber verhalten sich implizit oder explizit im Diskurs und in Konkurrenz zueinander, sowohl die im Land der Väter wie die in der Diaspora, und konstituieren zusammen das heutige, lebendige Judentum als ethnischer Einheit mit eigener unverwechselbarer religiöser Tradition.

Wenn wir die vier oben zitierten Antworten in diesem Sinn einordnen wollten, dann könnten wir in der ersten einen alten Mann in Deutschland hören, den es irritiert, wenn Christen sich zu sehr um seine Gemeinde kümmern, wenn sie etwa drängen, am Gottesdienst in der Synagoge teilnehmen zu dürfen und wenn sie Juden nach seiner Meinung zu sehr in die Öffentlichkeit ziehen. Die zweite Antwort läßt ein gewisses Wohlwollen gegenüber Außenstehenden und ihrer Lernbereitschaft besonders bei Jugendlichen erkennen. Die dritte Antwort ist die eines liberalen Humanisten, dem die gemeinsame Verantwortung für die Welt am Herzen liegt. Die vierte Antwort geht auf die theologisch relevante Berührungsfläche von Juden und Christen ein und sieht einen erheblichen Lernbedarf bei den Christen.

Wir sollten uns so gesehen also für eine Vielfalt von Positionen und Perspektiven offen halten, ohne dabei der Versuchung zu erliegen, in ihnen auseinanderfallende Judentümer sehen zu wollen. Die Schwierigkeit, in Deutschland heute und besonders in den mittleren und kleinen Orten, in denen es früher noch Synagogengemeinden gab, überhaupt Gesprächspartner zu finden, ist bekannt, darf aber nicht als Vorwand herhalten, in der verbreiteten Beziehungslosigkeit zu verharren. Man muß sich – das ist kein Mangel, sondern die Bedingung, unter der wir leben – schon selbst etwas einfallen lassen, um jüdische Gesprächspartner zu finden und einzuladen oder aufzusuchen.

Auf sehr viel einfachere Weise haben viele Christen im Land bei Vortragsveranstaltungen in ihrer Heimatstadt oder bei Kirchentagen, durch Fernsehsendungen oder durch Bücher jüdische Persönlichkeiten unterschiedlicher Art wie Pinchas Lapide, Günther Bernd Ginzel, Ruth Klüger oder Ignatz Bubis kennengelernt, die ihnen zu Orientierungsgrößen wurden und nun für sie das Judentum repräsentieren. Problematischer sind nostalgische Fixierungen wie die auf das »Stetl« als der angeblich typischen Heimat der Juden und die allgegenwärtige Klezmer-Musik. Um der Engführung in der Wahrnehmung jüdischen Lebens in Deutschland zu entgehen, empfiehlt es sich, Periodika wie »Menora« oder die vierzehntägig erscheinende »Allgemeine Jüdische Wochenzeitung« zu lesen.

Unter den Theologinnen und Theologen, die in den Gemeinden oder als Lehrkräfte an den Schulen und Hochschulen tätig sind, gibt es, sofern sie das Judentum als Anfrage an die kirchliche Lehre wahrnehmen, zwei Arten der Beschäftigung mit dem Judentum.

Die eine Gruppe, vornehmlich Vertreter der neutestamentlichen Wissenschaft, richten ihr Augenmerk auf das Judentum zur Zeit Jesu, um aus dem Vergleich mit diesen Quellen heraus die Verkündigung Jesu besser zu verstehen. Auch viele Vertreter der sogenannten Biblischen Theologie, die von der Einheit der beiden Teile der Bibel her denken, gehören zu denen, die das Frühjudentum eingehend studieren. Daß diese Gruppe von Theologinnen und Theologen sich auch dem zeitgenössischen Judentum mit ebenso großer Aufmerksamkeit und Lernbereitschaft zuwenden, ist eher untypisch. Sie ähneln darin bestimmten Theologen des 19. Jahrhunderts wie Hermann Leberecht Strack (Kommentar zum Neuen Testament aus Talmud und Midrasch) und Franz Delitzsch, der mit Eifer die Erforschung des Judentums betrieb und damit die Absicht verband, Juden besser zum Glauben an Jesus Christus führen zu können, ein Unternehmen, das im übrigen mißlang. Eine jüdische Gesprächspartnerin hat einmal die heutigen Theologen, die bemüht sind, das Judentum ausschließlich in seiner Geschichte und aus seinen historischen Quellen zu studieren, als solche bezeichnet, die »nur tote Juden kennen«. Eine Variante solchen Umgangs mit dem Judentum auf einer anderen Ebene, bei dem man ebenfalls im Grunde bei sich bleibt, sind in der Mehrzahl die gängigen Reisen ins ›Heilige Land‹. Man besucht Stätten der biblischen Geschichte Alten und Neuen Testaments in Jerusalem, Galiläa und anderswo und lernt außer dem Guide keine israelischen Menschen in ihrem eigenen Lebensumfeld kennen.

Die andere Art der Beschäftigung mit dem Judentum ist die der Begegnung mit jüdischen Lehrern und Lehrerinnen der Judaistik z.B. während des Studiums. Zum einen kann eine begrenzte Zahl von Studierenden an dem Programm ›Studium in Israel‹ teilnehmen. Aber für alle Interessierten in Deutschland gibt es an vielen Hochschulen Lehrstühle für Judaistik, die vielfach mit Gastdozentinnen und Gastdozenten aus Israel besetzt sind, so daß es zu einer lebendigen Begegnung im Lernen und Fragen kommen kann. Die Begegnung von Christen und Juden, wenn sie ihren Namen verdient, erschließt uns nicht nur jüdische Lehre, sondern führt zugleich zur Rückfrage an die eigene christliche Existenz. Sie bringt eine in dem Verhältnis von Christen und Juden waltende konstitutive Asymmetrie ans Licht. Das heißt: Für die jüdische Seite besteht keine Notwendigkeit, mit Hilfe des Gegenübers zur Kirche sich ihrer selbst zu vergewissern, denn wir Christen aus den Völkern haben zu der besonderen Beziehung des Gottes Israels und des Volkes Israel zueinander, wie sie in der Bibel beschrieben wird, nichts beizutragen. Die Kirche hingegen als eine aus dem Judentum hervorgegangene Religionsgemeinschaft kann sich selbst nur verstehen, indem sie sich auf die jüdischen Überlieferungen in und außerhalb der Bibel bezieht und so versucht, christlichen Glauben zu formulieren und zu leben. Warum also sollen sich Christen mit dem Judentum beschäftigen? Neben manchen guten Gründen, die wir nennen können, ist der zuletzt genannte für unser Christsein unabdingbar.

2. Sind die Juden das auserwählte Volk Gottes?

Michael Weinrich

Immer wieder wird im Alten Testament Gottes Größe darin gepriesen, daß er Israel aus der Knechtschaft in Ägypten befreit habe. Aus reinem Erbarmen hat sich Gott dieser kleinen und wehrlosen Menschengruppe zugewandt, die in Ägypten gefangen gehalten wurde, um dem Pharao als Sklaven beim Errichten seiner Prachtbauten zu helfen. Kein stattliches und mächtiges Volk ist dabei im Blick, auch kein besonders vorbildliches. Der Ton liegt vielmehr auf dem Erbarmen Gottes, der durch seine Zuwendung aus dieser Menschengruppe überhaupt erst ein Volk macht, indem er »sich ein Volk mitten aus einem [anderen] Volk herausholt« (5.Mose 4,34). Gott erwählt sich diese Schar der in Ägypten geknechteten Hebräer und macht aus ihnen ein Volk, das erwählte Volk Israel:

»Denn du bist ein dem HERRN, deinem Gott, geweihtes Volk; dich hat der HERR, dein Gott, aus allen Völkern, die auf Erden sind, für sich erwählt, daß du sein eigen seiest. Nicht weil ihr zahlreicher wäret als alle Völker, hat der HERR sein Herz euch zugewandt und euch erwählt – denn ihr seid das kleinste unter allen Völkern –, sondern weil der HERR euch liebte und weil er den Eid hielt, den er euren Vätern geschworen, darum hat euch der HERR mit starker Hand herausgeführt und hat dich aus dem Sklavenhause befreit, aus der Hand des Pharao, des Königs von Ägypten.« (5.Mose 7,6-8)

Es geht nicht um den besonderen Anspruch eines Volkes, sondern im Mittelpunkt steht das erbarmende Erwählungshandeln Gottes. Im Blick auf Israel kann es sogar heißen, daß es ein »halsstarriges Volk« sei (5.Mose 9,6). Aus sich selbst heraus ist das Volk wie Gras, das verdorrt (Jes 40,8). Erst durch die erwählende Zuwendung Gottes bekommt das Volk seine besondere Auszeichnung. Darin unterscheidet sich Israel von den anderen Völkern, die aus sich selbst heraus auf der Bühne der Geschichte agieren. Nach dem Zeugnis des Alten Testament steht auch Israel in der ständigen Versuchung, sich den anderen Völkern anzupassen und die besondere Erwählung durch Gott zu vergessen. Wenn Israel allein auf sich selbst vertraut und sich nicht mehr an das befreiende Erwählungshandeln Gottes erinnert, besteht die vom Propheten Hosea formulierte Gefahr, daß Israel seinen Vorzug verliert, so daß es von Gott nicht mehr ›mein Volk‹ sondern ›Nicht-mein-Volk‹ genannt wird (Hos 1,9).

Das Volksverständnis hat also eine fundamentale theologische Prägung und kann nicht einfach mit einem allgemeinen soziologisch oder biologisch bestimmten Volksverständnis vermengt werden. Wenn im Alten Testament die Rede vom ›Volk Gottes‹ die wichtigste Bezeichnung für das Selbstverständnis Israels darstellt, dann geht es in erster Linie um ein Glaubensbekenntnis. Daß Israel sich als das Volk Gottes versteht, sagt mehr über sein Verhältnis zu Gott als über seine besondere Herausgehobenheit gegenüber anderen Völkern aus. Israel soll nicht die Macht Gottes in der Welt demonstrieren, sondern das barmherzige Befreiungshandeln Gottes in dieser Welt bezeugen.

Nach jüdischem Verständnis begründet die Erwählung als Volk Gottes keinen Triumphalismus, sondern im Gegenteil wird die Erwählung nicht selten als eine besondere Verantwortung und Bürde verstanden. Das hat seinen Grund darin, daß die Erwählung durch Gott eine besondere Verpflichtung des Volkes einschließt. Der Bund Gottes mit Israel (2.Mose 20) ist das Unterpfand der Erwählung. Er verdeutlicht den mit der Erwählung verbundenen Anspruch Gottes an sein Volk. So gern sich Israel immer wieder wie die anderen Völker organisieren will, so häufig wird es daran erinnert, daß es nicht einfach wie die Völker sein darf (Ez 20,32 u.ö.). Es ist vor allem das erste Gebot, an dem sich das Volksein Israels zu bewähren hat, indem es allem Götzendienst absagt.

Damit ist deutlich, daß mit der Erwählung unweigerlich auch eine Abgrenzung gegenüber anderen verbunden ist. Diese Unvermeidlichkeit der Abgrenzung birgt eine Reihe von Versuchungen in sich, von denen die Geschichte Israels in unterschiedlicher Weise gekennzeichnet ist. Indem durch die Erwählung die ganze Existenz Israels in Beschlag genommen ist, bestätigt Israel in seiner Treue zur Weisung Gottes – die wir traditionell ›Gesetz‹ nennen –, daß es als Volk Gottes leben will. In der Wahrnehmung der besonderen Berufung durch Gott liegt die stets zu erneuernde Verwirklichung Israels als Volk Gottes. Der praktische Nonkonformismus Israels gegenüber den ›Völkern‹ gehört unverbrüchlich zum Selbstverständnis des Gottesvolkes dazu. Er wäre jedoch völlig mißverstanden, wenn er als Ausdruck von Hochmut oder eines eitlen Narzißmus verstanden würde und nicht als Existenzform der antwortenden Treue auf Gottes Festhalten an seiner Erwählung. Dieser praktische Nonkonformismus hat Israel immer wieder die Mißgunst anderer Völker, ja beinahe der ganzen Menschheit eingebracht.

Von hier ist es zu verstehen, wenn im Judentum die Auszeichnung der Erwählung immer wieder mit dem Leiden in einen engen Zusammenhang gebracht wurde. Das Leiden wird geradezu als die Kehrseite der Treue zu Gott verstanden. Die vielen und beinahe unablässigen Leiden, welche die Juden im Laufe der Geschichte hinzunehmen hatten, werden als Martyrium für die Erwählung interpretiert. Der jüdische Theologe Robert R. Geis spricht von der besonderen »Gnade der Machtlosigkeit« und bringt damit für das Selbstverständnis Israels zum Ausdruck, daß die Treue zu Gott eher auf der Seite der Verfolgten als auf der Seite der Verfolger bezeugt werden kann.

Schließlich bleibt darauf zu verweisen, daß die Treue zum Willen des erwählenden Gottes nicht auf eine besondere Selbstbezogenheit Israels zielt. Vielmehr liegt gerade im Erfüllen des Willens Gottes eine positive Bezogenheit auf die Israel umgebenden Völker, die in den an Israel ergangenen Verheißungen immer auch mit im Blick sind. Als Volk Gottes ist Israel der erstgeborene Sohn (2.Mose 4,22), der als solcher gemäß der Abrahamverheißung (1.Mose 12,1-3) »mitten auf Erden« Quell des Segens (Jes 19,24) und Licht für alle Völker (Jes 42,6) sein soll. Israel soll eine Herausforderung für die übrigen Völker sein, damit sie erkennen, daß Gott HERR ist (Hesekiel 36,23). Diese Vision spiegelt sich in der Vorstellung von der Völkerwallfahrt zum Zion (Jes 2,2-6; 60,2f.), ohne auf diese beschränkt zu sein. Gott ist nicht nur der Gott Israels, sondern der König der Welt und somit aller Völker (Psalm 96 u.ö.). Das ist die Hoffnung, in der Israel seine Treue zum Willen Gottes als eine besondere Form der Solidarität zur Völkerwelt versteht.

Diese Treue entspricht der ihr vorauslaufenden Treue Gottes, der an Israel trotz der Verfehlungen festhält. Zwar will Israel immer wieder so sein wie die anderen Völker (1Sam 8,20), aber Gott gibt sein Volk nicht preis (Hosea 11,8). Gott hält Israel die Treue: »Dich habe ich erwählt und nicht verworfen – fürchte dich nicht, denn ich bin mit dir!« (Jes 41,9f.)

In dieser Perspektive versteht Paulus auch die Berufung der Kirche als einen Akt der Treue Gottes, die als saftreiche Wurzel auch den wilden hinzugenommenen Zweigen Anteil an dem Leben der Erwählung gibt (Röm 11,17). In Aufnahme von 5.Mose 32,43 und Ps 117,1 gibt Paulus den Heidenchristen die Bestimmung, Gott zusammen mit seinem Volk zu preisen (Röm 15,10f.). Es ist das spezifische Zeugnis von der Treue Gottes, durch das die Vorstellung, daß die Heiden nun zu Miterben, Miteinverleibten und Mitgenossen der Verheißung werden (Eph 3,6), überhaupt erst ihre sachliche Plausibilität gewinnt. So wie die Erwählung überhaupt im unergründlichen Geheimnis der Liebe Gottes wurzelt, so ist – zumindest für Paulus – auch die über die Berufung der Kirche hinausreichende bleibende Erwählung Israels ein Geheimnis Gottes (Röm 11,25), das die Kirche ebenso zu wahren wie zu verteidigen hat, wenn sie sich nicht selbst verfehlen will. Die Vorstellung von der Enterbung oder gar Ersetzung Israels durch die Kirche bedeutete nicht nur die Feststellung der seiner Verheißung widersprechenden Untreue Gottes, sondern brächte auch die Verläßlichkeit aller der Kirche gegebenen Verheißungen folgenreich ins Wanken.

Gott ringt um sein Volk. Dies ist die Geschichte seines gnädigen Werbens um sein Volk Israel. Wie anders könnte auch die Kirche angesichts ihrer Geschichte noch eine Hoffnung haben, wenn nicht einzig und allein aufgrund der unverbrüchlichen Treue und Beständigkeit des Eintretens Gottes für sein Volk.

Schließlich sei unterstrichen, daß es keineswegs eine Selbstverständlichkeit ist, wenn in der Ökumene heute so gerne von der Kirche als dem ›Volk Gottes‹ gesprochen wird. Diese Bezeichnung der Kirche hebt wie keine andere Bezeichnung der Kirche die essentielle Verbundenheit der Kirche mit Israel hervor. Wenn sich die Kirche neben Israel ›Volk Gottes‹ nennt, signalisiert sie ihre Verbundenheit mit der besonderen Erwählungsgeschichte Israels und der mit ihr einhergehenden Einsamkeit in einer nach wie vor die Götzen anbetenden Welt. ›Volk Gottes‹ ist keine Selbstzeichnung, sondern ein verheißungsvoller Ehrentitel, der die Kirche angesichts ihres faktischen Erscheinungsbildes eher beschämen als bestätigen müßte. Die Kirche bekennt sich im Gebrauch dieses Ehrentitels einerseits zu den an ihr nicht unmittelbar ablesbaren Verheißungen als auch zu einer konkreten geschichtlichen Gemeinschaft mit »Israel«, dem nach wie vor die mit der Erwählung verbundenen Verheißungen gelten.

Literatur

Michael Weinrich: Die Kirche als Volk Gottes an der Seite Israels, in: *ders.:* Kirche glauben. Evangelische Annäherungen an eine ökumenische Ekklesiologie, Wuppertal 1998, 190-223.

3. Hat der neue Bund den alten ersetzt?

Rolf Rendtorff

Die Begriffe ›alt‹ und ›neu‹ spielen im christlichen Denken und Reden über das Verhältnis von Judentum und Christentum eine wichtige Rolle. Dies kommt schon in der Bezeichnung der beiden Teile unserer Bibel zum Ausdruck: ›Altes Testament‹ und ›Neues Testament‹. Aber was bedeutet diese Gegenüberstellung? Heißt ›alt‹ soviel wie überholt, abgetan? Oder klingt darin auch das positive Element des Altehrwürdigen mit, das bewahrt werden muß? Und bedeutet ›neu‹, daß nun das Alte nicht mehr gebraucht wird, weil das Neue für sich allein bestehen kann? Oder kommt darin auch das Bewußtsein zum Ausdruck, daß das Neue auf dem Alten aufbaut, daß es das Alte fortsetzt?

Es geht hier um grundsätzliche Fragen des Verhältnisses von Judentum und Christentum. Dabei zeigt sich, daß sehr viel davon abhängt, mit welcher Voreinstellung man an die Fragen herangeht; denn die Begriffe enthalten viele Möglichkeiten der Anwendung und der Auslegung. In der Bezeichnung der beiden Teile unserer Bibel ist noch ein weiteres wichtiges Element enthalten: das Wort ›Testament‹. Es geht auf das lateinische Wort *testamentum* zurück, das meistens als Übersetzung des hebräischen Wortes *berit* ›Bund‹ und seiner griechischen Entsprechung *diatheke* erscheint. So weist die Bezeichnung der beiden Bibelteile auf ein umfassenderes Problem hin: das Verhältnis von altem und neuem Bund.

Diese Frage gehört zu einer ganzen Gruppe von theologischen Problemen, bei denen sich bei christlichen Theologen bestimmte Denkstrukturen herausgebildet haben, für die auch biblische Texte herangezogen werden, die sich aber bei genauerer Prüfung der biblischen Sachverhalte nicht aufrechterhalten lassen. So bringt die Themafrage dieses Kapitels »Hat der neue Bund den alten ersetzt?« eine weit verbreitete Auffassung zum Ausdruck, in der diese Frage wie selbstverständlich bejaht wird. Dabei bezeichnet der ›neue Bund‹ die neue Wirklichkeit, in der die Christen leben, während der ›alte Bund‹ für die Lebenswirklichkeit des alttestamentlichen Israel steht, die nun durch dieses Neue abgelöst und ersetzt worden sein soll.

Betrachten wir die biblischen Texte zu dieser Frage genauer, so zeigt sich zunächst, daß der Ausdruck ›alter Bund‹ weder im Alten noch im Neuen Testament begegnet. (Zu einigen umstrittenen Stellen s.u.). Das bedeutet, daß die Gegenüberstellung von altem und neuem Bund nicht der biblischen Sprache entstammt. Wo im Neuen Testament vom ›neuen Bund‹ gesprochen wird (s.u.), geschieht dies in aller Regel ohne ausdrücklichen Bezug zu der vielfältigen Rede vom ›Bund‹ im Alten Testament.

Im Alten Testament nimmt der Gedanke des Bundes Gottes mit den Menschen eine zentrale Stellung ein. Schon nach der ›Sintflut‹, dem zweiten tiefen Einschnitt in der Geschichte der Menschheit (nach der Vertreibung des ersten Menschenpaares aus dem Garten Eden), erklärt Gott, daß er mit der Menschheit und mit der gesamten Schöpfung einen Bund schließt (1.Mose 9,8ff.). Inhalt dieses Bundes ist die Zusage Gottes, daß er trotz der fortdauernden Sündhaftigkeit der Menschen (vgl. 8,21) die Schöpfung bestehen lassen will, wie es in 8,22 einprägsam formuliert ist. Der Bund ist hier also eine Art Bestandsgarantie für die gesamte Schöpfung. Es liegt in der Natur der Sache, daß dieser erste, grundlegende Bund Gottes mit der Schöpfung niemals aufgehoben werden kann, »solange die Erde steht«.

Im weiteren Verlauf der biblischen Geschichte schließt Gott dann den Bund mit Abraham und seinen Nachkommen. In 1.Mose 15 ist dieser Bundesschluß mit der Zusage des Landes verbunden, in dem Abraham selbst noch als »Fremdling« lebt (V.18-21). In Kap.17 tritt zur Zusage Gottes (V.7f.) die Verpflichtung Abrahams hinzu. Als »Zeichen des Bundes« sollen alle männlichen Nachkommen Abrahams beschnitten werden (V.9-14). So beruht der

Bund jetzt auf Gegenseitigkeit, indem Abraham und seine Nachkommen die Verpflichtungen des Bundes erfüllen. Diese Wechselseitigkeit tritt verstärkt am Sinai in Erscheinung, wo der Bund auf die Nachkommenschaft Abrahams ausgeweitet wird, die inzwischen zum ›Volk Israel‹ geworden ist. Jetzt ist auch vom »Bewahren des Bundes«, d.h. vom Einhalten der Bundesverpflichtungen, die Rede (2.Mose 19,5). Der Bund wird auf der Grundlage der im »Buch des Bundes« niedergelegten verpflichtenden Worte Gottes durch Mose feierlich bestätigt (24,3-8). Was hier niedergeschrieben wird, wird an anderen Stellen als »Tora« bezeichnet (z.B. 5.Mose 30,10).

Danach entsteht erneut eine Krise, als die Israeliten während der Abwesenheit Moses ein »Goldenes Kalb« herstellen und anbeten (2.Mose 32). Obwohl Gott in seinem Zorn Israel vernichten will, nimmt er auf Grund der Fürbitte Moses diesen Beschluß zurück (V.7-14) und erneuert schließlich den Bund (Kap.34). Hier wiederholt sich noch einmal, was schon nach der Sintflut geschah: Gott hält an seinem Bund fest, obwohl die Menschen – d.h. jetzt: Israel – sündig sind und bleiben. Im Verlauf der weiteren Geschichte Israels kommt es dann immer wieder zu Situationen, in denen der Bund Gottes mit Israel durch die Sünde des Volkes gefährdet erscheint; aber Gott steht trotz allem zu seinem Bund (vgl. 3.Mose 26,40-45). So zeigt die Geschichte Gottes mit Israel im Alten Testament, daß der Bund Gottes mit seinem Volk niemals aufgehoben wird und nicht aufgehoben werden kann, weil Gott sich dazu verpflichtet hat, ihn für alle Zeit bestehen zu lassen.

Dieser grundlegenden Einsicht widerspricht auch nicht die Rede vom »neuen Bund«, die sich beim Propheten Jeremia findet (Jer 31,31-34). Dort heißt es, daß Gott am Ende der Tage mit Israel einen neuen Bund schließen will, der anders sein soll, als der erste, den er mit ihren Vätern geschlossen hat. Die Andersartigkeit liegt aber nicht im Inhalt, denn dieser besteht nach wie vor in der Tora, die Gott Israel gegeben hat und die Israel einhalten soll. Das Neue wird vielmehr sein, daß Gott den Israeliten die Tora »in ihr Herz« schreiben wird, so daß sie sie niemals vergessen oder ihr zuwider handeln können. Das ist eine wahrhaft endzeitliche Hoffnung. Sie macht uns bewußt, daß das eigentliche Problem nicht im Bund selbst, sondern in der Schwäche des menschlichen Herzens liegt. Darum wird dieser »neue« Bund den bisher bestehenden nicht ablösen oder ersetzen, so lange die Menschen bleiben, wie sie sind.

Daß der bisherige Bund Gottes mit Israel weiterbesteht, hat auch Paulus nachdrücklich zum Ausdruck gebracht. In der Diskussion mit der Gemeinde in Rom sagt er von den Juden, daß sie seine Brüder seien, und fährt fort: »Sie sind Israeliten, denen die Kindschaft gehört und die Herrlichkeit und die Bundesschlüsse und die Gabe der Tora und der Gottesdienst und die Verheißungen ...« (Röm 9,4). Paulus betont hier ausdrücklich die Gültigkeit des göttlichen Bundes mit den Israeliten, d.h. mit den Juden seiner Zeit. Auch für ihn ist dieser Bund also keineswegs aufgehoben oder durch einen anderen, neuen ersetzt worden. Zugleich ist Paulus der einzige, der im Neuen Testament den Ausdruck »alter Bund« verwendet und zwar im Sinne von ›Altes Testament‹, also der jüdischen Bibel. Er ist überzeugt, daß die Juden den eigentlichen Sinn ihrer Bibel noch nicht verstanden haben, und drückt dies bildhaft so aus, daß eine Decke über dem Alten Testament liege, wenn sie es lesen (2.Kor 3,14). Auch hier ist also nicht vom ›alten Bund‹ im Sinne unseres Themas die Rede.

Viele christliche Theologen wollen die Verheißung des neuen Bundes bei Jeremia auf die Rede vom ›neuen Bund‹ im Neuen Testament beziehen. Dabei ergeben sich aber große Schwierigkeiten. Zunächst vom Inhalt dessen her, was Jeremia erhofft; denn daß die Tora ins Herz geschrieben werden soll, gehört nirgends zu den Zukunftshoffnungen des Neuen Testaments. Sodann aber vor allem von den Vorstellungen her, die im Neuen Testament selbst mit dem ›neuen Bund‹ verbunden sind. Der wichtigste Zusammenhang, in dem dieser Begriff erscheint, sind die Worte der Einsetzung des Abendmahls. Nach Matthäus (26,28) und Markus (14,24) gibt Jesus seinen Jüngern den Kelch mit den Worten: »Das ist mein Blut des Bundes«, während es bei Lukas (22,20) heißt: »Dieser Kelch ist der neue Bund in meinem Blut.« In der letzteren Fassung zitiert es auch Paulus (1.Kor 11,25). In den drei Evangelien fügt Jesus hinzu: »das für viele vergossen wird«, wobei Matthäus fortfährt »zur Vergebung der Sünden«. Grundlegend für den »neuen Bund« ist also das Blut Jesu und die darin gegebene Vergebung der Sünden »für Viele« (vgl. Jes 53,12). Hier besteht ein deutlicher Anklang an die Szene des Bundesschlusses am Sinai, wo auch vom »Blut des Bundes« gesprochen wird (2.Mose 24,8). Aber es wird nirgends ein ausdrücklicher Zusammenhang oder ein Gegenüber im Sinne von ›alt‹ und ›neu‹ hergestellt.

So muß man sagen, daß der Begriff ›Bund‹ im Alten Testament eine zentrale Rolle spielt, während er im Neuen Testament zwar an einer entscheidenden Stelle in Erscheinung tritt, aber nicht als grundlegender Begriff für das neue christliche Selbstverständnis entfaltet worden ist.

Es gibt noch eine charakteristische Parallele zu dem hier erörterten Thema: die Rede vom ›alten‹ und vom ›neuen‹ Israel. Es ist im theologischen Denken und Reden gang und gäbe, die Kirche als das ›neue‹ oder ›wahre‹ Israel zu bezeichnen, manchmal auch als das ›geistliche‹ Israel, das dem ›fleischlichen‹ Israel gegenübergestellt wird. Hier ist die Diskrepanz zwischen dieser verfestigten theologischen Vorstellung und dem biblischen Befund noch viel eklatanter. Denn keiner der Begriffe, mit denen sich hiernach die Kirche anmaßt, das ›neue‹, ›wahre‹ oder ›geistliche‹ Israel zu sein, kommt überhaupt im Neuen Testament vor. Das Neue Testament behauptet nirgends, daß die Kirche an die Stelle Israels getreten sei.

4. Ist das Christentum eine jüdische Sekte?

Marlene Crüsemann

Was wird aus uns, wenn es uns ernst damit ist, den grundlegenden Irrtum der Judenfeindschaft in Theorie und Praxis der Kirche aufzugeben? Hinter dieser Frage steckt die Angst vor einem möglichen und unausweichlichen ›Besitzverzicht‹. Daß folgenreiche Wandlungen der christlichen Identität erwartet und verarbeitet werden müssen, ruft große Ängste vor einem möglichen Substanzverlust unseres Bekenntnisses zu Jesus Christus hervor. Damit wäre freilich zugegeben, daß Feindschaft und Abgrenzung gegenüber dem Judentum ein unerläßliches Wesensmerkmal der Kirche darstellte. Dies ist nicht leicht zu entkräften, denn wir haben in den Jahrzehnten des christlich-jüdischen Dialogs lernen müssen, wie tiefgreifend unsere Theologie von antijüdischen Denkmustern geprägt ist, auf welch subtile Art und Weise diese selbst bei den gewissenhaftesten Menschen und bei uns allen wieder auftauchen können.

Auf der anderen Seite kann gerade eine lebenspraktische Wiederannäherung auch äußerst problematische Früchte hervorbringen. Dies geschieht in jenen christlichen Gemeinden, die im großen Stil jüdische Symbole übernehmen und etwa unbefangen für sich das Passahfest feiern, als könne man zweitausend Jahre Kirchengeschichte einfach ignorieren und in völliger Naivität das Leben einer Art jüdischen Sekte führen. Zu Recht ist dergleichen auf Befremden und Empörung seitens der jüdischen Gemeinden gestoßen.

Was soll also aus uns werden, wenn wir umkehren, wenn wir uns wirklich wandeln wollen in die Gestalt, die der Nachfolge des Messias Jesus entspricht, der gekommen ist als »Licht zu erleuchten die Heiden und zum Preis deines (Gottes) Volkes Israel« (Luk 2,32)?

Ich möchte das erörtern in Auseinandersetzung mit einer These des jüdischen Neutestamentlers David Flusser, der in großer Freundlichkeit und Weisheit das Christentum auf den richtigen Weg zu bringen versucht:

»Die Spannung zum Judentum war für das Christentum eine historische Notwendigkeit, damit das Christentum eine selbständige Weltreligion für frühere Heiden werde. Die Notwendigkeit besteht nicht länger. Das Christentum kann sich mit Hilfe des Judentums erneuern. Dann wird es eine humane Religion werden« (D. Flusser, 69).

- *Spannung zum Judentum:* Dies ist eine äußerst nachsichtige Formulierung gegenüber antijüdischen Prozessen, die seit dem 2. Jahrhundert n.Chr. vor allem aus dem Mund der heidenchristlichen Kirchenmänner als endlose Beschimpfungen und Verfluchungen jüdischer Menschen einsetzten: Justinos, der Märtyrer, spricht zum Beispiel zu den Juden als »den Dämonen und dem Heer des Teufels, deren Gehilfen ihr seid« (Dial. 131,2). Immerhin beweist die Intensität der Bekämpfung die weiter bestehende

Anziehungskraft des Judentums auch für die Heidenchristen und Heidenchristinnen.

- *Historische Notwendigkeit:* Für die neutestamentliche Wissenschaft kristallisiert sich immer mehr heraus, wie sehr die frühen christlichen Gemeinden im 1. Jahrhundert n.Chr. als Teil des Judentums und somit damals tatsächlich auch als eine Art ›jüdischer Sekte‹ existierten. Das Neue Testament ist insgesamt gesehen ein jüdisches Buch, in dem jüdische Menschen ihre messianischen Hoffnungen und Erfahrungen mit Jesus ausdrücken. Menschen aus den Völkern treten hinzu in der nunmehr messianischen Zeit. Insbesondere die feministische Sozialgeschichte kann zeigen, wie sehr deren Bekehrung zum Christentum in der Realität eine Bekehrung zu jüdischer Lebensweise gewesen ist. Denn sie fragt beispielsweise nach der Alltagspraxis von Frauen und nicht allein nach dem Problem der Beschneidung von Männern aus den Völkern. Der Begriff ›Christentum‹ existierte als ein allgemeiner noch nicht in dieser Epoche und somit nicht einmal eine begriffliche Front gegenüber dem Judentum. Von hier aus gesehen fällt es schwer, eine historische Notwendigkeit der Trennung zu entdecken.
- *Selbständige Weltreligion:* Daß und wie die Kirche gerade in Opposition zum Judentum sich zu einer Weltreligion entwickeln konnte, ist eine wichtige und spannende Frage, die die kirchengeschichtliche Wissenschaft in vielen Einzelstudien erhellen wird. Den Kirchen der Ökumene und den deutschen insbesondere bleibt es, zu dieser Geschichte offen, würdig und demütig zu stehen. Es führt kein Weg zurück in die Unschuld. Eine Weltreligion kann aber stets von neuem versuchen, in der Welt einen besseren Weg zu gehen.
- *Humane Religion:* So sollte das Christentum bisher keine humane, sondern eine unmenschliche Religion gewesen sein? Diese Sicht zu übernehmen, kostet einige Jahre. Doch wie anders sollen wir es nennen, was aus unserem vermeintlich größten Plus gegenüber den anderen Religionen an vielen Stationen der Kirchengeschichte geworden ist: Statt anderen Menschen, Jüdinnen und Juden zumal, die Auferstehung Christi von den Toten zu bezeugen, sind diese vielmehr getötet und todbringende Kräfte nicht gehindert worden. Zu oft regiert bei uns bekenntnistreue Rechthaberei an Stelle eines anständigen menschlichen Verhaltens.

- *Erneuerung mit Hilfe des Judentums*: Ein derartiges Angebot der Hilfe zur Erneuerung durch einen Angehörigen des verfolgten Volkes an die Angehörigen seiner Verfolger kommt dem gleich, was man als Akt von ›sola gratia‹ bezeichnen könnte, als Rechtfertigung der Gottlosen. Uns fehlt das, was wir bekämpft haben. Uns fehlt eine Ethik aus dem Geist der Tora.

Wie wäre nun das Verhältnis von Christentum und Judentum begrifflich zu fassen? Weder als ›jüdische Sekte‹ existierend noch als unabhängige Religion inmitten aller anderen, hat das Christentum die Aufgabe, sein einzigartiges Verhältnis zur jüdischen Wurzel zu vergegenwärtigen und auszudrücken. Am besten geschieht das mit den Kategorien der Bibel. Die Weltgeschichte und das Verhältnis der Völker untereinander und zum Volk Israel beschreibt die Bibel in Form von Genealogien, in Beziehungen von Abstammung und Verwandtschaft (z.B. 1.Mose 10). Da die Völkerkirche der Geschichte Israels entstammt, suchen wir nach verwandtschaftlichen Bildern für diese unaufhebbare Verbindung. Mehrere Bilder sind erforderlich, da eines allein immer zu kurz greift. Kann man Israel und die christlichen Gemeinden zu neutestamentlicher Zeit noch als »Rebekkas Kinder« (A.F. Segal) betrachten, so gleicht das heutige Christentum den Nachkommen einer jüdischen Tochter, die einen heidnischen Mann genommen hat und mit ihm ausgewandert ist. Israel bleibt die Mutter und Mutterreligion. Sie zu verleugnen, stellt das eigene Leben in Frage. Die Tochterreligion und ihre Abkömmlinge haben nun ein selbständiges, oft zweifelhaftes und dennoch reiches Dasein und sind darauf angewiesen, ihren Ursprung festzuhalten und zu ehren. Viele Bibeltexte können in Auslegung und Gottesdienst dieses Verwandtschaftsverhältnis aktuell erhellen. Wir sprechen dann mit Jesus wie die Frau aus dem Volk der Samaritaner, das sich damals schon seit Jahrhunderten auf einen anderen Zweig der Jakobsfamilie zurückführte und so von den Nachfahren Judas, den Judäern, getrennt hatte, und wir lassen uns von Jesus belehren: »Das Heil kommt von den Juden« (Joh 4,22). Oder wir gehen mit der jüdischen Schwiegermutter wie Ruth aus Moab, um ihr beizustehen im Leben und Sterben: »Wo du hingehst, will ich auch hingehen; wo du bleibst, bleibe ich auch. Dein Volk ist mein Volk, dein Gott ist mein Gott ...« (Rut 1,16f.). Vielleicht sind wir aber meistens bloß die Schafe aus einem anderen Stall, die Jesus zusätzlich noch betreuen will (Joh 10,16) ...

Was wird aus uns, wenn wir nicht mehr antijüdisch denken und handeln, nicht mehr Israel und unsere Verwandtschaft mit ihm vergessen? Eine menschliche christliche Kirche.

Literatur

David Flusser: Thesen zur Entstehung des Christentums aus dem Judentum, Kirche und Israel 1, 1986, 62-70 (dazu die Antwort von *Gerd Theißen:* Kirche und Israel 3, 1988, 179-189).
Luise Schottroff: »Gesetzesfreies Heidenchristentum« – und die Frauen?, in: *dies./Marie-Theres Wacker (Hg.):* Von der Wurzel getragen. Christlich-feministische Exegese in Auseinandersetzung mit Antijudaismus, Leiden u.a. 1996, 227-245.
Ekkehard W. Stegemann/ Wolfgang Stegemann: Urchristliche Sozialgeschichte. Die Anfänge im Judentum und die Christengemeinden in der mediterranen Welt, Stuttgart u.a. 1995.

5. Soll die Kirche Juden missionieren?

Klaus Wengst

Auf dem Apostelkonvent in Jerusalem wurde nach Gal 2,9 vereinbart, daß sich Paulus und Barnabas mit ihrer Verkündigung an die Völker wenden, Jakobus, Kephas und Johannes aber an das Volk der Beschneidung, also Israel. Hier wird an einem hervorgehobenen Beispiel deutlich, daß sich die Verkündigung von Jesus Christus in der frühen Zeit selbstverständlich auch an Israel richtete. Muß aber daraus gefolgert werden, daß also auch die Kirche heute Juden missionieren soll?

Bevor jedoch eine Antwort gegeben wird, sollten die folgenden Punkte bedacht werden. Nichts im Neuen Testament weist daraufhin, daß in dieser Zeit je ein Heidenchrist Judenmission getrieben hätte. Heidenchristen hatten ja gerade erst den wesentlichen Schritt von den

Götzen zu Gott getan (1Thess 1,9), den die Juden schon kannten. Soweit wir sehen können, haben also nur Judenchristen Jesus Juden gegenüber verkündigt. Zu der Zeit gab es noch jüdisches Leben in der Kirche. Jüdinnen und Juden lebten in ihr die ihnen eigentümliche Frömmigkeit mit ihren Riten und Gebräuchen. Seit dem zweiten Jahrhundert aber war die Kirche faktisch eine nur noch heidenchristliche. Denn es war Jüdinnen und Juden unmöglich gemacht worden, in ihr jüdisch zu leben, indem etwa der Sonntag dem Sabbat entgegengesetzt, das Vaterunser gegen das Achtzehngebet gestellt, das Fasten auf andere Tage gelegt wurde. Diese Kirche setzte sich an die Stelle Israels und behauptete, das wahre Israel zu sein. In ihrer weiteren Geschichte trieb sie, zur Macht gekommen, auch gewaltsam Mission an Juden. Oft genug wurden diese vor die Frage gestellt: Taufe oder Tod? So hat sich im Verhältnis der Kirche zum Judentum eine tiefe Blutspur gebildet. Auf der anderen Seite hieß das für Jüdinnen und Juden, daß sie ihre Treue zu Gott als dem Gott Israels nur wahren konnten, indem sie den kirchlichen Bekehrungsanspruch ignorierten.

Schon die Scham über die christliche Schuldgeschichte gegenüber dem Judentum verbietet ›Judenmission‹. Aber viel wichtiger ist, daß es positive theologische Gründe gibt, die es gebieten, der ›Judenmission‹ bewußt und aus innerer Überzeugung abzusagen. Die »Studienkommission ›Kirche und Judentum‹ der Evangelischen Kirche in Deutschland« hat in ihrer zweiten Studie von 1991 festgestellt: »Eine Auffassung, nach der der Bund Gottes mit dem Volk Israel gekündigt und die Juden von Gott verworfen seien, wird nirgends mehr vertreten. Die Erwählung des jüdischen Volkes bleibt bestehen« (Christen und Juden II. Zur theologischen Neuorientierung im Verhältnis zum Judentum. Eine Studie der Evangelischen Kirche in Deutschland, 1991, 18). Das ist eine Übereinstimmung, die auch durch noch Uneinsichtige nicht mehr in Frage gestellt werden kann. Diese Einsicht, daß Gottes Bund mit seinem Volk Israel ungekündigt ist, ermöglicht es, Israel nicht danach zu beurteilen, wie es sich zu Jesus als Messias verhält. Sie öffnet die Augen dafür, daß Israel seinem eigenen Weg mit Gott in Treue zu entsprechen sucht und gerade so Zeuge Gottes vor der Welt ist. Hinzu kommt die vorher schon genannte Beobachtung, daß Jüdinnen und Juden gegenüber der nur noch heidenchristlich gewordenen Kirche ihre Treue zu Gott als dem Gott Israels nur wahren konnten, indem sie den Bekehrungsanspruch dieser Kirche, in der sie nicht als Jüdinnen und Juden hätten leben können, ignorierten. Ohne sein Volk ist Gott auch nicht mehr als Gott Israels erkennbar. Der biblische Gott ist zwar als der Schöpfer der Gott aller Welt. Aber er ist deswegen kein Allerweltsgott. Er ist und bleibt der Gott Israels. Um Gottes willen dürfen es Christinnen und Christen nicht wollen, daß Jüdinnen und Juden ihr Judesein aufgeben und Teil der Völkerkirche werden. Sie sollten es dankbar und staunend wahrnehmen, daß es nach dem Massenmord am europäischen Judentum durch Deutschland dennoch in diesem Land wieder jüdisches Leben gibt und daß die Gemeinden nun wachsen durch die Zuwanderung aus den Ländern der ehemaligen Sowjetunion.

Es muß aber auch wahrgenommen werden, daß die großen Schwierigkeiten bei der Integration dieser Zugewanderten, die unter den Bedingungen des Lebens in der Sowjetunion keine religiöse jüdische Identität entwickeln und pflegen konnten, von christlichen Gruppen so ausgenutzt werden, daß sie praktische Hilfestellung mit Missionsabsichten verbinden. Dabei haben sie auch teilweise Erfolg. Das zeigt am deutlichsten die Gründung von ›Israelitisch messianischen Gemeinden‹ als Vereinen in Stuttgart und Berlin. Doch sollten die Namen dieser Vereine und auch die Bezeichnung ›messianische Juden‹ nicht darüber hinweg täuschen, daß ihre nichtjüdischen Initiatoren und Förderer nach wie vor als Basis ihrer in diesem Zusammenhang betriebenen Aktivitäten die Irrlehre vertreten, die Juden hätten mit dem Messias Jesus ihr Heil verworfen. Diese Irrlehre hat in der Christentumsgeschichte zu viel jüdisches Blut gekostet.

Es hat immer wieder Konversionen in der einen und in der anderen Richtung gegeben – und es wird sie weiter geben. Persönlich verantwortete Entscheidungen sind zu respektieren und nicht verächtlich zu machen. Religionsfreiheit ist ein hohes Gut, das von der Verfassung geschützt wird.

Haben wir uns von der Zwangsvorstellung gelöst, Juden missionieren zu sollen, verlieren wir damit gar nichts. Es bleibt uns die Gewißheit ganz und gar erhalten, daß sich uns die Freundlichkeit und Barmherzigkeit Gottes in Jesus Christus zugewandt hat und weiter zuwendet. Wir gewinnen dabei sogar. Wir können es lernen, Jüdinnen und Juden in Geschichte und Gegenwart als Zeuginnen und Zeugen desselben Gottes zu hören, zu dem wir durch Jesus Christus gekommen sind.

6. Sind Christen zur Solidarität mit dem Staat Israel verpflichtet?

Martin Stöhr

I.

Uneingeschränkt ist mit ja zu antworten, besonders von der deutschen Christenheit nach ihrem fast widerspruchslosen Hinnehmen der Schoah. Der Staat ist das Schutzgehäuse, das einem Teil – der größere Teil lebt in vielen anderen Ländern – des jüdischen Volkes eine selbstbestimmte Existenz zu sichern hilft. Seine Entstehung 1948 ist völkerrechtlich durch einen UNO-Beschluß vom November 1947 verankert. Sie verdankt sich der nie aufgegebenen Hoffnung, als jüdisches Volk (Am Israel) in Erez Israel (Land Israel) auch in einem Staat (Medinat Israel) leben zu können. »Das wichtigste im Judentum sind... die lebendigen Menschen« (Leo Baeck).

Nach der Zerstörung Jerusalems (70 n.Chr.) und der ›Säuberung‹ des Landes von allen Juden (135 n.Chr.) durch Rom war das letzte jüdische Staatswesen gewaltsam beseitigt worden. Jerusalem hieß jetzt Aelia Capitolina; das Land Judäa bzw. Israel wurde in Palästina umbenannt. Keine jüdischen Namen sollten mehr an das Volk dieses Landes erinnern. Perfekt gelang den Römern die Vertreibung allerdings nicht. Es lebten auch vor den großen Einwanderungswellen (im 19. Jahrhundert wesentlich durch die russischen Pogrome verursacht, ab 1933 durch den nationalsozialistischen Völkermord in Deutschland) immer Juden im Land, in Jerusalem sogar als Mehrheit. Da Judenfeindschaft noch nicht ausgestorben ist, bleibt Israel auch ein Zufluchtsort für alle diskriminierten oder verfolgten Jüdinnen und Juden wo auch immer in der Welt von heute.

II.

Der verallgemeinernde Begriff ›Zionismus‹ verdeckt, daß es neben der immer lebendigen religiösen Sehnsucht nach Zion im 19. Jahrhundert viele, zum Teil miteinander streitende Zionismen religiöser oder säkularer Art gab und gibt. Sie entstanden als parallele Entwicklungen zu den Befreiungen der Arbeiter, der Frauen oder der Kolonialvölker. Ihre Rolle vor und in der Gründung des Staates Israel war größer als heute. Nach der Erfahrung in christlichen, muslimischen oder kommunistischen Einheitsgesellschaften wollen alle Zionismen (als Minimalkonsens) selbstbestimmend ein demokratisches, an den Menschenrechten orientiertes Gemeinwesen aufbauen. Die Gründungsurkunde von 1948 hält diese Ziele selbstkritisch fest. Sie schließen eine gute Nachbarschaft ein. Die war schwierig zu verwirklichen, da alle Nachbarn den jungen Staat 1948 sofort mit Krieg überzogen. Die lang verweigerte Anerkennung Israels durch die Nachbarn beförderte in Israel neben dem Doppelpostulat von Frieden und Sicherheit auch nationalistische Strömungen. Der Friedensprozeß ist unabgeschlossen. Er kam erst mit Ägypten und Jordanien zu Friedensverträgen.

III.

Der Staat als notwendiges Schutzgehäuse relativiert ihn auf seine Rechts- und Schutzaufgaben. Das mögen jene christlichen Gruppen bedenken, die den Staat Israel zur Stärkung ihres ›Glaubens‹ mißbrauchen. Diese oft evangelikal-fundamentalistischen Gruppen treten für ein Großisrael ein. Der Messias komme nach der Schlacht mit Israels Feinden, symbolisiert in Gog und Magog aus dem Norden (Hes. 38; 39; Off. 20, 8f.). Diese Feinde wurden bis vor kurzem mit dem Kommunismus, jetzt mit dem Islam gleichgesetzt. Eine Völkerschlacht (Harmaegedon, Off. 16, 16) leite das Ende der Geschichte ein, dazu müßten alle Stämme Israels wieder im Lande leben. Ein Großisrael spielt für diese Gruppen eine Rolle auf der Endzeituhr. Diese Geschichtskonstruktion gleicht (mit umgekehrten Inhalten!) jener, die jahrhundertelang in der Christenheit populär war: die Zerstörung Jerusalems, die Vertreibung und die Leidensgeschichte Israels bewiesen, daß Gott sein Volk verworfen habe.

Im Blick auf Israel und seine Nachbarn verschärft ein solches Konzept Feindbilder, ist dem Frieden und der Gerechtigkeit zwischen ihnen nicht förderlich und überhöht politische Konflikte religiös. Wieder einmal wird Religion, wie auf andere Weise auch im

Islam oder im Judentum, konfliktverschärfend, statt brückenbauend durch ein Bündnis mit machtideologischen Faktoren. Allerdings darf die konstitutive Rolle der Religionen im Nahostkonflikt nicht übersehen werden, auch im Blick auf eine in Friedens- und Gerechtigkeitsgruppen vorhandene lebensförderliche Arbeit, die an die besten Traditionen der Religionen anknüpfen – allerdings sind es kleine Minderheiten.

IV.

Waren bis 1948 alle jüdischen, muslimischen, christlichen, beduinischen und drusischen Landesbewohner laut Paß in ihrer Staatsangehörigkeit als ›palestinian‹ gekennzeichnet, so erwuchs aus der Erfahrung der arabischen Bevölkerung in den von Israel besetzten Gebieten und aus der Erfahrung fehlender innerarabischer Solidarität ein anderes palästinensisches Staatsbewußtsein: ab 1967 bezeichnete es zunehmend Organisationen und Menschen aus jenem Teil des britischen Mandatsgebietes, der weder Jordanien noch Israel (beide in den Grenzen von 1948) gehörten.

Die Zeiten der Bedrohung Israels sind angesichts möglicher Vernichtungskonzepte und -kapazitäten z. B. im Iran, Irak oder Syrien noch nicht vorüber. Aber eine Solidarität mit Israel muß nicht auf Kosten einer Solidarität mit dem palästinensischen Volk gehen. Es macht ab 1967 eine ähnliche Entdeckung, wie Theodor Herzl sie formulierte: »Wir sind ein Volk, ein Volk!«. Was Israel war, wurden die Palästinenser. Was Israel hat, wenn auch immer noch nicht bedrohungsfrei, steht auch den Palästinensern zu: ein Staatswesen als Schutzgehäuse. Wie beide Kleinstaaten ihre Nachbarschaft (auch die mit anderen Nachbarn) regeln, bleibt der politischen Vernunft und ihren Kompromißmöglichkeiten überlassen. Wichtig werden die Rechte der jüdischen Minderheiten in Palästina und die der arabischen in Israel sein. Wie immer testen die Minderheiten das Recht in der Mehrheitsgesellschaft. Ohne Rechte und Freiheiten für alle steht es schlecht um einen Frieden in der Region.

V.

Solidarität mit dem jüdischen Volk im Staat Israel bedeutet nicht die Billigung aller Regierungsmaßnahmen dieser einzigen Demokratie im Nahen Osten. In Israel sind immer heftige Auseinandersetzungen um die richtigen politischen und religiösen Konzepte in Gang. Sich dafür nicht zu interessieren und auf eine eigene Urteilsbildung, wie vorläufig sie auch immer sei, zu verzichten, nimmt nicht die ganze Wirklichkeit dort wahr. Biblisch ist es, Menschen (und Völker) nicht ohne ihre Mitmenschen (und Mitvölker) zu sehen. Demokratische Regierungen sind nicht fehlerfrei. Das unterscheidet sie vom Anspruch autokratischer oder theokratischer Systeme.

Die EKD-Studie »Christen und Juden« von 1975 hält fest: »Der heutige Staat Israel ist eine politische Größe; er stellt sich aber zugleich in den Rahmen der Geschichte des erwählten Volkes. Die Christen haben... die Verpflichtung, den völkerrechtlich gültigen Beschluß der Vereinten Nationen von 1947 anzuerkennen, der den Juden ein gesichertes Leben in einem eigenen Staat ermöglichen soll. Zugleich haben die Christen sich aber nachdrücklich für einen sachgemäßen Ausgleich zwischen den berechtigten Ansprüchen beider, der palästinensischen Araber und der Juden einzusetzen. Weder dürfen allein den palästinensischen Arabern die Folgen des Konfliktes auferlegt sein, noch darf allein Israel für die Auseinandersetzung verantwortlich gemacht werden.«

Literatur

Shlomo Avineri: Profile des Zionismus. Die Geistigen Ursprünge des Staates Israel. 17 Porträts, Gütersloh 1998.
Martin Buber: Israel und Palästina. Zur Geschichte einer Idee, Zürich 1950.
Ralph Giordano: Israel, um Himmels willen Israel, Köln 1991.
Michael Krupp: Zionismus und Staat Israel, Gütersloh 1992.
Friedrich-Wilhelm Marquardt: Die Bedeutung der biblischen Landverheißung für die Christen, München 1964.
Rolf Rendtorff: Israel und sein Land, München 1975.
Karl-Heinz Schneider/ Nikolaus Simon, (Hg.): Solidarität und deutsche Geschichte (DIAK Bd. 9), Berlin 1984.
Martin Stöhr: Dreinreden. Wuppertal 1997.

V. Leben und Handeln

1. Müssen sich Christinnen und Christen an das Gesetz des Alten Testaments halten?

Gabriele Obst und Frank Crüsemann

Christinnen und Christen, die die ersten Schritte im jüdisch-christlichen Gespräch machen, schrecken oft an einem Punkt zurück. Sie fragen: Muß ich das ganze Gesetz des Alten Testaments halten, wenn ich die jüdischen Wurzeln des christlichen Glaubens ernst nehme? Gelten die vielen Speisevorschriften, die Reinheitsgebote, die Rechtssätze bis zum kleinsten I-Tüpfelchen etwa auch für mich heute?

Hinter dieser Frage steckt häufig eine Vorstellung, nach der das Gesetz wie eine schwere Last auf dem Menschen liegt: Ein Korsett, das dem Menschen mit seinen einzelnen Vorschriften die Luft zum Atmen nimmt, eine Ansammlung von teils unverständlichen, teils überholten Anweisungen, die dem Menschen das Leben schwer machen. *Muß* ich als Christ das Gesetz halten? So gefragt, erscheint das Gesetz als göttlicher Zwang, der den Menschen zu unterwürfiger Pflichterfüllung nötigt. Muß ich als Christ das *ganze* Gesetz halten? Betont man die Frage so, ist häufig eine Ausweichbewegung erkennbar: Weil ich weiß, daß ich das ganze Gesetz sowieso nicht halten kann, beschränke ich mich auf einige praktikable Lebensregeln, die sich mit allgemein akzeptierten Moralvorstellungen decken.

Was in der deutschen Übersetzung der Bibel mit ›Gesetz‹ nur sehr unzureichend wiedergegeben wird, heißt im Hebräischen ›Tora‹. Viel besser als der starre Rechtsbegriff, der eher an Paragraphen und Polizei erinnert, ist das Wort ›Weisung‹. Wie anders als bei vielen Christen hört es sich an, wenn Jüdinnen und Juden von der Tora sprechen: Sie ist Anlaß zu Dankbarkeit und Freude: »Besser als aller Erwerb ist's sie zu erwerben, köstlicher ist sie als Gold und Perlen. Wir jubeln, der Tora freuen wir uns, denn sie ist Kraft und Licht für uns« – so heißt es in der jüdischen Tradition.

Das Wort Tora bezeichnete ursprünglich die Lehre der Eltern, vor allem der Mutter an ihre Kinder, durch die sie sich im Leben zurechtfinden sollten (Sprüche 6,20). Es wurde dann die wichtigste Bezeichnung für die umfassende Weisung Gottes vom Sinai. Sie umfaßt einerseits die religiösen Grundregeln, die Einheit und Bildlosigkeit Gottes, Sabbat, Feste usw., andererseits – mit gleichem Gewicht – Schutzbestimmungen für Fremde, Witwen, Waisen, Arme, also die sozial Schwächsten. Das sind Grundregeln, die auch für Christen verbindliche Orientierungen enthalten und inhaltlich viel mit den Menschenrechten zu tun haben. Dazu kommen als drittes eigentliche, d.h. im Rechtswesen anzuwendende Gesetze. Das Strafrecht Israels ist, anders als das im Abendland entwickelte römische Recht, auf Gerechtigkeit für das jeweilige Opfer aus.

Die Tora ist gute Gabe Gottes, die dem Menschen das Leben mit Gott und dem Mitmenschen ermöglichen soll. Sie ist Weisung zum Leben und will den Menschen wegführen von seinen Wegen in den Tod. Nicht Ausdruck verkniffener und heuchlerischer Moral ist sie, sondern sie schenkt wirkliche umfassende Lebensfreude. Darum ist ihre Kundgabe ›Evangelium‹ – frohe Botschaft. Wer das erkannt hat, kann die Tora nur preisen, für den ist sie – wie für den Psalmbeter – eine Lust, ein Gesetz zum Liebhaben (vgl. Ps 119,54.97).

Die Tora ist Gabe Gottes, mit der der Mensch zugleich eine Aufgabe erhält: Mit der Gabe der Tora wird der Mensch als Bundespartner Gottes bestätigt und gewürdigt. Als ›Hin-weis‹ zum Leben zielt sie auf das ›pralle‹ Leben, auf den Alltag. Darum werden in ihr die scheinbaren Banalitäten des täglichen Lebens ebenso aufgegriffen wie die großen Fragen nach wirtschaftlicher und politischer Gerechtigkeit. Natürlich stammen die konkreten Gesetze der Tora aus einer Welt, die sehr anders war als unsere. Deshalb wurde die Tora in der jüdischen Tradition immer neu ausgelegt. Gerade in der Diskussion, ja im Streit um die jeweils aktuelle Auslegung der Tora versuchen Juden und Jüdinnen dem Wort Gottes treu zu bleiben. ›Treue zur Tora‹ hieß für Juden und Jüdinnen in der Geschichte häufig genug Standhalten gegenüber Anfeindung, Diskriminierung und Verfolgung.

Muß aber ein Christ das *ganze* Gesetz halten? Jesus jedenfalls hat genau das nach der Darstellung der Evangelien von seinen Jüngern und Jüngerinnen verlangt: »Ihr sollt nicht meinen, daß ich gekommen bin, das Gesetz oder die Propheten aufzulösen, sondern zu erfüllen. Denn wahrlich ich sage euch: Bis Himmel und Erde vergehen, wird nicht vergehen der kleinste Buchstabe noch ein Tüpfelchen vom Gesetz, bis alles geschieht«, heißt es in der Bergpredigt (Matth 5,17f.). Alles, bis zu den kleinsten Geboten, soll getan und gelehrt werden (V.19; vgl. 23,2f.). Seine eigene Lehre, z.B. in den sogenannten Antithesen (5,21-48) will das, was »zu den Alten gesagt ist«, nicht aufheben, sondern im Gegenteil schützen und sichern, indem er, wie ein zeitgenössischer jüdischer Ausdruck sagt, einen »Zaun ums Gesetz« baut.

Die *frühen christlichen Gemeinden* haben allerdings einen anderen Weg eingeschlagen. Als die urchristliche Mission immer mehr nichtjüdische Menschen zum Glauben an den Gott Israels brachte, sah man darin alte und vielfältige Verheißungen des Alten Testaments bestätigt (z.B. Jes 45, 20ff.; Zeph 2,11). Es war klar, daß sie dafür nicht – etwa durch Zeremonien wie die Beschneidung der Männer – selbst Juden werden mußten (vgl. besonders den Galaterbrief). Doch im täglichen Leben stellten sich völlig neue Probleme des Zusammenlebens von Juden und Nichtjuden besonders bei den Mahlzeiten, also bei der Frage der Speisegebote. Gegenseitige Rücksicht – so Paulus mit seiner Rede von den Starken und den Schwachen (Röm 14,1ff.) – und die Verabredungen des sogenannten Apostelkonzils, sich an die noachidischen Gebote als Grundregeln zu halten (Apg 15,20.29, vgl. 1.Mose 9), reichten auf Dauer nicht aus. Paulus' Wertschätzung des Gesetzes (vgl. z.B. Röm 7, 12) rückte immer mehr in den Hintergrund, während seine Kritik am Gesetz als Heilsweg, was weder im Alten Testament noch im späteren Judentum je ernsthaft vertreten wurde, immer mehr im Sinne einer Freiheit vom Gesetz verstanden wurde.

In der *alten Kirche* trennte sich die Kirche immer weiter vom Judentum: Die (gleichen) Feste bekamen andere Termine, statt des Sabbats (oder des Sabbats und Sonntags, wie lange Zeit üblich) hielt man nur noch den Sonntag. Viele ethische Gebote blieben aber weiter gültig. So kam es zu einem ›sowohl als auch‹. Daß Gottes Gebote einzuhalten waren, wurde in der Kirche nie ernsthaft bezweifelt, nur löste man sie aus dem Gesamtzusammenhang der Tora. Manche Teile waren weiter wirksam, wie die Sexualmoral, andere, besonders politische Grundregeln oder die zur wirtschaftlichen Gerechtigkeit, wurden vergessen. Man hielt sich vor allem an die Zehn

Gebote und setzte auf Formeln, mit denen das so vielfältige Gesetz zusammengefaßt wurde: das Liebesgebot (Röm 13,8) bzw. das Doppelgebot der Liebe (Matth 22,37-49) und die goldene Regel (Matth 7,12). Vor allem meinte man, die Gebote Gottes seien von Natur aus im menschlichen Herzen eingepflanzt.

Luther war seinerseits der Auffassung, daß das Gesetz des Mose allein dem jüdischen Volk gegeben sei und Heiden und Christen nichts angehe, weil diese nicht aus Ägypten herausgeführt worden seien. Andererseits gilt ihm das Gesetz als Gottes ewiger, unverrückbarer und unwandelbarer Wille, als »heilsame Lehre des Lebens«, die in die Herzen aller Menschen geschrieben sei. Dieses »Gesetz der Natur« legt die Sünde des Menschen vor Gott offen. Nur indem er sich unter das Evangelium stellt, kann er der Verdammnis entgehen. Dann aber tut er das, was das Gesetz von ihm fordert – die Liebe zu Gott und zum Nächsten – spontan aus »lustigem Willen«, aus dem Glauben heraus. Damit aber hat das Gesetz seine Schrecken verloren, es gibt Trost und Verheißung für die Glaubenspraxis des Christen, es ist Regel und Richtschnur. Luther schärft in seinen Katechismen die ›Zehn Gebote‹ ein als »Ausbund göttlicher Lehre, was wir tun sollen, daß unser ganzes Leben Gott gefalle«; man solle sie »vor allen anderen Lehren teuer und wert halten als den höchsten Schatz, von Gott gegeben.« (Großer Katechismus) Trotz dieser problematischen Vorrangstellung hält er aber auch andere Teile der Tora – wie das Zinsverbot – sein Leben lang hoch.

In der Folgezeit wurde diese durchaus differenzierte Haltung Luthers aufgelöst. Die Zehn Gebote traten beherrschend in den Vordergrund, anderes, wie z.B. die Rechtsvorschriften, wurde als ›nicht verbindlich‹ – weil durch Christus erledigt – erklärt. Die evangelische Kirche trennte sich zunehmend von dem konkreten Zusammenhang von Bund Gottes, Tora und Israel. Schließlich wurde in den Auseinandersetzungen mit dem Katholizismus die »Freiheit vom Gesetz und von den Werken« zur Pointe einer falsch verstandenen Rechtfertigungslehre. Damit war die Nachrangigkeit der Tora für Glauben und Leben der Christen festgeschrieben.

Mit der Mißachtung der Tora haben Christen die wichtigste Richtschnur für ihr Leben verloren. Sie haben daher im Laufe der Geschichte den schlimmsten Greueln wie Nationalismus, Ausbeutung anderer Völker, Rassismus oder der Zerstörung natürlicher Lebensgrundlagen nicht nur wenig entgegensetzen können, sondern sich auch vielfach in sie verwickeln lassen. Die Wiedergewinnung der Tora würde Christinnen und Christen dazu auffordern, ihre Weisungen in Freiheit und Verantwortung in heutiges Verhalten umzusetzen. Freilich hängen diese Weisungen unlöslich mit dem Gott Israels und seiner in der Bibel erzählten Geschichte mit seinem Volk zusammen. Die Tora ist nicht allen Menschen, sondern zunächst allein Israel gegeben; manches bleibt uns, die wir keine Juden sind, fremd. Ebensowenig ist der historische und kulturelle Abstand zu ignorieren, der uns von manchen Bestimmungen der Tora trennt (z.B. im Blick auf die Anweisungen zum Tempelgottesdienst). Aber auch wenn wir etwa die Speisegesetze nicht übernehmen, wird ihre Weisung in vielen heutigen Diskussionen um einen verantwortlichen und in die Zukunft weisenden Umgang etwa mit Tieren als Nahrung und mit ihrer Würde neu sichtbar. Vor allem sind wir eingeladen, das große Leitwort der Tora ›Gerechtigkeit‹ (5. Mose 16,20) auch in unseren Lebenszusammenhängen zu buchstabieren und für sie einzutreten.

Müssen sich Christinnen und Christen an das Gesetz des Alten Testaments halten? Die Ausgangsfrage stellt sich deshalb am Ende nochmals anders: *Wollen* wir Christen eigentlich wirklich dem Weg der Tora folgen? Diese Frage verwickelt uns in ein Gespräch über die Ernsthaftigkeit unseres Glaubens, sie eröffnet das Nachdenken über unseren Alltag, über unsere Glaubenspraxis im Großen wie im Kleinen. Sie ermutigt uns, die Wege des Todes hinter uns zu lassen und Gottes Weisung zum Leben liebzugewinnen.

Literatur

Frank Crüsemann: Bewahrung der Freiheit. Das Thema des Dekalogs in sozialgeschichtlicher Perspektive, 2. Aufl., Gütersloh 1993.

Ders.: Die Tora. Theologie und Sozialgeschichte des alttestamentlichen Gesetzes, 2. Aufl., Gütersloh 1997.

2. Was können Christen von jüdischer Lebenspraxis lernen?

Alfred Wittstock

›Lebenspraxis lernen‹ – wie soll dies möglich sein, wenn auch noch von »jüdischer Lebenspraxis« gelernt werden soll und dies in einem Land, in dem jene Lebenspraxis im Alltag kaum noch ›erlebt‹ oder mitgelebt werden kann? Nur langsam deshalb und in ersten Lernschritten beginnen Christinnen und Christen im christlich-jüdischen Gespräch Zusammenhänge neu zu entdecken:

zwischen ›Lebens- und Glaubenspraxis‹ bei Juden; zwischen einer in der Kirchengeschichte vorherrschenden ›Israelvergessenheit‹, die nur allzuoft das Handeln dem ›Gesetz‹ zuordnete und den Glauben dem ›Evangelium‹, und der damit einhergehenden Judenfeindschaft; und sie beginnen auch wieder die biblisch gesetzte Lebensgemeinschaft zwischen Juden und Christen neu zu sehen und auszubuchstabieren.

Jüdische Lebenspraxis läßt sich bestimmt sein durch die Weisung Gottes vom Sinai, seiner Tora, die er den Kindern Israel gegeben hat, nachdem Er sie allen anderen Völkern angeboten, diese sie aber abgelehnt hatten (so eine rabbinische Auslegung zu 2.Mose 20,2). Sie ist Weisung zum Leben, in allen Lebensbereichen leitet sie und zu aller Zeit und verweist somit ständig zurück auf den Geber, der sich mit Israel ›verbündet‹ hat. Im täglichen Gebet – dem Schma Jisrael, so genannt nach den beiden ersten Worten – erinnert Israel diesen Zusammenhang:

»Höre, Israel, der Ewige, unser Gott, der Ewige ist einzig! Gelobt sei der Name seiner Herrlichkeit seines Reiches immer und ewig. Du sollst den Ewigen, deinen Gott, lieben mit deinem ganzen Herzen und deiner ganzen Seele und deinem ganzen Vermögen. Es seien diese Worte, die ich dir heute befehle, in deinem Herzen. Schärfe sie deinen Kindern ein und sprich von ihnen, wenn du in deinem Hause sitzest und wenn du auf dem Wege gehst, wenn du dich niederlegst und wenn du aufstehst. Binde sie zum Zeichen auf deinen Arm, und sie seien zum Denkband auf deinem Haupte. Schreibe sie auf die Pfosten deines Hauses und deiner

Tore! ...« (so der 1. von 3 Abschnitten des Schma, siehe 5.Mose 6, 4-9).

Dieses zentrale Gebet, Ausdruck lebendigen Glaubens, bekennt Gott in seiner Einheit und Einzigkeit. Als Gott Israels ist Israel sein Bundesvolk und antwortet ihm in Liebe. So wie Israel in seiner Ganzheit vor Gott steht, ist der Einzelne – Teil dieser Gemeinschaft – als Einheit gesehen, nicht getrennt in ›Körper‹ und ›Geist‹, ›Gefühl‹ und ›Verstand‹, sondern der ganze Mensch wird hier angesprochen. Gottesliebe kennt keine ›Sonderräume‹ und ›Sonderzeiten‹, Haus, Familie und Erziehung werden einbezogen, Privates und Öffentliches, die tägliche Zeit wie die Lebenszeit. Erinnerungssymbole – hier: Teffilin, Gebetsriemen mit den Kapseln, in denen der Text des Schmas enthalten ist, ebenso wie die Mesusa, eine Kapsel, die an der Tür eines jüdischen Hauses angebracht wird – wollen helfen faßbar zu machen, was eigentlich menschlichem Fassungsvermögen sich entzieht: »Mit großer Liebe hast du uns geliebt, Ewiger unser Gott, mit großem und immer größerem Erbarmen hast du dich über uns erbarmt« – heißt es im Segen, der der Rezitation des Schma vorausgeht.

Die Antwort, die dieser Zuwendung korrespondiert, liegt in der Gestaltung des All-Tags als dem Ort und der Zeit menschlichen Lebens und seiner Bestimmung. Denn mit der Gabe der Tora am Sinai verbindet sich eine Aufgabe: den Weisungen der Tora folgen, um Zeuge Gottes in der Welt zu sein. So soll Israel »heilig werden, denn heilig bin ich, der Ewige, dein Gott« (3.Mose 19,2).

›Heilig werden‹ – wird zum Schlüsselauftrag für das ganze Leben. In all seinen Alltagsdimensionen kommt so das Leben in den Blick, Fragen der Ernährung und der Ökologie gehören ebenso hierher wie die von Partnerschaft und Sexualität, Diskussionen um die soziale, rechtliche und politische Gestaltung eines Lebens in Gemeinschaft, der Unterdrückung und Ausgrenzung zu bekämpfen Gott als Ziel gesetzt hat, die Gestaltung der ›Ruhe‹ im Sabbat, das Loslassen von jeglicher Ausbeutung der Schöpfung im ›Juveljahr‹, wie die ökonomischen Rahmenbedingungen von Arbeit und Lohn, die Fragen von Grund- und Bodenbesitz, die nach den Lebensbedingungen von ›Witwen und Waisen‹, aber auch Fragen nach dem verantwortlichen Umgang mit der Pflanzen- und Tierwelt als Teil der Schöpfung Gottes.

›Heiligung‹ des Alltags – gedacht als permanente Lebensaufgabe, als ›heilige Arbeit‹, wie oft ›Gottes-Dienst‹ übersetzt wird, der bis zur ›Heiligung des Namens‹ gehen kann, einer Umschreibung für das Bezeugen Gottes in der Hingabe des Lebens in Zeiten der Verfolgung. Gottes Taten an Israel werden dabei zur Richtschnur für Israel, Gott nachzufolgen, ihm zu »dienen und ihm anzuhangen« (5.Mose 13,5). Eine der vielfältigen Konkretionen auf die Frage, wie Nachfolge, d.h. Wandeln in den Wegen Gottes (5.Mose 10,12) praktiziert werden kann lautet: »... wie er die Nackten kleidet (1.Mose 3,21) ... so kleide auch du die Nackten. Wie der Heilige... Kranke besucht (1.Mose 18,1), ... so besuche auch du die Kranken. Wie der Heilige ... Trauernde tröstet (1.Mose 25,11), ... so tröste auch du die Trauernden. Wie der Heilige...Tote begräbt (5.Mose 34,6), ... so begrabe auch du die Toten« – so formuliert es der Babylonische Talmud (bSota 14a). In ihm wurde gesammelt, was als aktuelle Auslegung der Tora in jeweils sich verändernden Zeiten und Lebensumständen Zeugnis ablegt von der lebendigen Diskussion um die Frage nach dem Willen Gottes und seiner Verwirklichung im Alltag, als Zeichen der Toratreue. So werden diese Auslegungen selbst zur Tora, zu Weisungen für künftige Generationen und verkörpern darin jene lebendige Auseinandersetzung um die Frage: Was will Gott von mir und von uns in dieser Lebenslage? Recht-Handeln geht dem Recht-Glauben voraus, »wir wollen tun und hören« (2.Mose 24,7). Auf die Frage eines Nicht-Juden nach der Essenz der ganzen Tora gibt Hillel, einer der bedeutendsten Toralehrer um die Zeitenwende, die Antwort: »Was Dir nicht lieb ist, das tue auch deinem Nächsten nicht. Das ist die ganze Tora und alles andere ist nur Erläuterung: geh und lerne sie« (bSchabbat 31a). So tritt dem Fragenden in Gestalt seines Nächsten die Forderung der Tora ihm gegenüber, die nach der tatbereiten Verwirklichung seiner Gleichheit, seines Menschenrechts verlangt, das Gott ihm verliehen hat, Befreiung von Elend und Unterdrückung, Schalom mit Gott und mit dem Nächsten, Gerechtigkeit gegen alle Unrechtszustände. Ein langer Weg eröffnet sich, ein lebenslanger Lernprozess, weitergegeben an die folgenden Generationen, Antwort auf Gottes Gabe; lebendige Tradition wird in Kraft gesetzt, ein »Baum des Lebens, denen, die an ihr festhalten« (Sprüche 3,18).

Heiligung des Lebens – weist dann über sich hinaus auf ein universales Ziel, welches die Erkenntnis des einen Gottes und ein messianisches Friedensreich für alle Völker bringen wird, deren Gemeinschaftsleben auf Gerechtigkeit in Schalom beruht, ohne Krankheit und Leid, in dem die Macht des Todes gebrochen ist. Toragemäßes Leben läßt sich täglich ein auf die Forderungen Gottes, die nach vorwärts weisen, drängen und den Menschen mit in diese Dynamik einbeziehen wollen.

Doch mit der Israelvergessenheit der Christen geriet auch die Tora und die jüdische Praxis eines Tora-erfüllten Lebens in den Hintergrund. Sie wurde als ›Zeremonialgesetz‹ abgetan, als überholt, Relikt eines Lebens unter dem Joch des ›lebenstötenden Gesetzes‹. Die Synagoge mit den aus ihren Händen gleitenden zwei Tafeln des Bundes bestimmten das Bild. Es sagte jedoch weit mehr über die Bildermacher aus, als über diejenigen, die man glaubte abgebildet zu haben.

Vergessen hatten die Christen die eigene Herkunft, das Jude-Sein Jesu, das seiner Familie, seiner Jünger, das seiner Gesprächspartner. Nur diejenigen, die mit ihm in der lebendigen Auseinandersetzung um die Auslegung der Tora standen und nicht zu gleichen Positionen kamen, wurden als ›Gegner‹, ja als ›Feinde‹ festgelegt, als ›die Juden‹ eben. Vergessen, daß dieses leidenschaftliche Streiten um die Auslegung der Tora geprägt ist von der Frage, was der Wille Gottes in einer jeweils konkreten Situation sei.

Vergessen hatten die Christen, die aus den Heiden kamen, das Festhalten Jesu an dem Schma Jisrael und an der Nächstenliebe, als er nach der Summe der Tora gefragt wird (Markus 12,28 ff.), vergessen seine Toratreue auch zum kleinsten Gebot (s. Matth 5,17f.), es soll getan und erfüllt werden (Matth 5,19). 12 Jünger, als Repräsentanz des ganzen Israel, haben ihn begleitet und gaben seine Weisung an seine Nachfolgerinnen und Nachfolger weiter. Sie ist nicht als Aufhebung der Tora Israels gedacht, sondern als Bestätigung ihres Weiterbestehens.

Christen werden in ihrem Christsein somit auf Israel verwiesen. In jüdischer Lebenspraxis begegnen sie Israel als erstem Zeugen Gottes, der sein Volk unter allen Völkern erwählt und dies nie rückgängig gemacht hat, wie Israel nie aufgehört hat, die Frage nach dem lebendigen Willen Gottes zu stellen, denn Gott selbst denkt über die Not und den Alltag des Menschen nach und kümmert sich um das Alltägliche im Lebensvollzug. In der Begegnung mit jüdischer Lebenspraxis lernen Christinnen und Christen, sich einzulassen auf den konkreten Willen Gottes für die Gestaltung des Lebens in dieser Welt. Hierbei gibt es keine von vornherein feststehenden Ordnungsprinzipien, keine zu allen Zeiten allgemein gültigen Normen einer Auslegungsautorität, sondern die jeweils konkrete Situation fordert zur Antwort heraus: »geh und lerne sie!« Gelebter Glauben und glaubensvolles Leben werden – im Angesicht Israels – neu gelernt werden müssen, nicht als Reklamierung jüdischer rabbinischer Lebensregelungen, die ausnahmslos Israel zugehören, sondern als vergessene und neu einzuübende Lebensweise, in der Hoffnung hierin, gemeinsam mit Israel Zeugen Gottes in der Welt zu sein.

Literatur

Klaus Müller: Tora für die Völker. Die noachidischen Gebote und Ansätze zu ihrer Rezeption im Christentum, Berlin 1994.
Martin Stöhr: Dreinreden. Essays, Vorträge, Thesen, Meditationen, hg. von Klaus Müller und Alfred Wittstock, Wuppertal 1997.
Zu den rabbinischen Belegen: *Alfred Wittstock:* Toraliebe im jüdischen Volk, Berlin 1981, bes. 17-42.

3. Was geht Christen der jüdische Sabbat an?

Gabriele Obst

Vom Sabbat geht in unserer Zeit hektischer Betriebsamkeit eine eigentümliche Faszination aus. Sie ergreift auch Menschen, die sonst nichts mehr von Religion halten. Viele ahnen, daß das Sabbatgebot sowohl etwas mit ihrem individuellen Lebenskonzept zu tun hat als auch mit den politisch-gesellschaftlichen Verhältnissen. In der Attraktivität des Sabbats schimmert häufig die Sehnsucht nach einem glückenden Verhältnis von Arbeit und Ruhe durch; nach Arbeit, die nicht versklavt, und nach Freizeit, die nach Freiheit schmeckt. Dieser Sehnsucht steht eine gesellschaftliche Wirklichkeit gegenüber, in der die Balance von Arbeit und Ruhe in höchstem Maße gefährdet ist: Da sind die einen, die vor Arbeit umkommen und immer stärker unter Druck stehen, den ständig wachsenden Anforderungen ›rund um die Uhr‹ möglichst flexibel und mobil nachzukommen, und auf der anderen Seite diejenigen, die vergeblich nach Arbeit suchen und denen die Sehnsucht nach Ruhe wie Hohn in den Ohren klingen muß.

Wenn der Sabbatgedanke auch eine allgemein menschliche Hoffnung festzuhalten scheint, so ist doch die biblische Rede vom Sabbat spezifisch und konkret. Nicht durch eine mehr oder weniger folkloristische Übernahme und Aneignung von Teilelementen jüdischer Sabbatpraxis ist deshalb etwas von der Bedeutung des Sabbats zu erfahren; die Fülle der Sabbatpraxis erschließt sich vielmehr erst im Zusammenhang biblischer Texte und jüdischer Tradition und Geschichte.

Der Sabbat ist – neben dem Bundeszeichen der Beschneidung – *das Bekenntnis- und Erkennungszeichen Israels*. Als wöchentlicher Ruhetag entsteht der Sabbat – vermutlich nach einem Verschmelzungsprozeß vorexilischer Fest- und Ruhetagsbräuche – im babylonischen Exil (586-538 v.Chr.). Er wird – bis hin zum radikalen Verzicht auf Selbstverteidigung etwa während des Makkabäeraufstandes (175-134 v.Chr.; vgl. 1 Mak 2, 29-38) – gegen alle Widerstände durchgehalten und als unverbrüchlicher Teil jüdischer Identität selbst in den deutschen Vernichtungslagern praktiziert.

In der Praxis des Sabbats bekennt sich Israel in jeder Woche neu zu seinem Gott. Die Heiligung des Sabbats ist darum nie bloß eine Frage des Frömmigkeitsstils, ein über Jahrtausende unterschiedlich gelebtes religiöses Ritual, sondern ist Teil der *Gotteserkenntnis* Israels. Gott selbst begründet in erster und letzter Instanz den Sabbat, indem er den Sabbat feiert:

»Und Gott vollendete am siebenten Tag sein Werk, das er gemacht hatte, und er ruhte am siebenten Tage von all seinem Werke, das er gemacht hatte. Und Gott segnete den siebenten Tag und heiligte ihn; denn an ihm hat Gott geruht von all seinem Werke, das er geschaffen und vollbracht hat.« (1.Mose 2, 2-3).

Nicht der Mensch ist – wie es zum Schaden von Menschen und der sie umgebenden Schöpfung jahrhundertelang überliefert wurde – die ›Krone der Schöpfung‹, vielmehr zielt der ganze erste Schöpfungsbericht auf die Vollendung der Schöpfung in der Ruhe Gottes. In der Umwelt Israels ist das Bild eines Sabbat haltenden Gottes überaus anstößig. Ein antiker römischer Schriftsteller definiert es im 5. Jahrhundert als »weibisches Bild von dem ermüdeten Gott« (Rutilius Namatianus, De reditu suo I, zitiert nach Spier, S. 29). Tatsächlich steht das Bild Gottes, der gewissermaßen ›ruhebedürftig‹ erscheint wie wir, der sein Schöpferwerk mit der Ruhe vollendet, quer zu antiken Vorstellungen von Gott als ›unbewegtem Beweger‹ oder von einem permanent schöpferischen göttlichen Prinzip. Mit dem Sabbat geht Gott in die Zeit ein, so wie er im Exodusereignis in die Geschichte Israels eingeht. Gott wird weltimmanent, indem er sich Zeit nimmt. »Gedenke des Sabbattages, daß du ihn heilig haltest« (2.Mose 20,8) – heißt also zunächst einmal: Erinnere dich daran, *wer* dein Gott ist. Der Sabbat berührt unmittelbar das Zentrum jüdisch-christlicher Gottesvorstellung: Gott ist kein zeitloses Prinzip, sondern Gott bindet sich, indem er sich auf die Zeit einläßt, an den Menschen, der der Zeit nicht entrinnen kann. Gerade deshalb ist der Sabbat die prägnanteste Provokation auch für Christinnen und Christen: An der Art und Weise, wie wir den Sonntag begehen, müßte sich zeigen, an welchen Gott wir glauben.

Das Gebot der Sabbatheiligung ruft – besonders deutlich in seiner Fassung im fünften Buch Mose – zugleich dazu auf, es der Praxis Gottes gleichzutun: »Achte auf den Sabbattag, daß du ihn heilig haltest, wie dir der Herr, dein Gott, geboten hat« (5.Mose 5,12). Bevor der Mensch irgend etwas getan hat, wird er eingeladen, an der *Sabbatfeier Gottes teilzunehmen*, und zwar ohne daß er sich die Ruhe zuvor besonders verdient hätte. Niemals mehr – so halten die Zehn Gebote fest – darf der Mensch zum Sklaven seiner Arbeit werden. Herausgeholt aus dem »Arbeitshaus Ägyptens« – wie Luther übersetzt – soll Israel seine Freiheit bewähren und bewahren. In der Begründung des Sabbatgebots im fünften Buch Mose wird darum an diese Befreiungsgeschichte erinnert. Vor aller Ethik und Moral aber beginnt die Praxis der Befreiten mit dem Nichtstun. Bevor der Mensch sich durch irgendwelche Werke (und sei es die Unterlassung von verbotenem Tun) ausgezeichnet hat, wird er eingeladen, mit Gott zu feiern. Das Sabbatgebot konkretisiert insofern die Rechtfertigungslehre, die in der protestantischen Tradition häufig so abstrakt bleibt.

Daß dieses (zeitweilige) Absehen von zielgerichteter Tätigkeit dem Menschen größte Schwierigkeiten bereitet, kann erklären, warum so viele *Regeln* in der jüdischen Tradition entstanden sind, die immer neu und aktuell die Sabbatruhe schützen sollten. Die Diskussion um die konkreten Regelungen verlief dabei zu allen Zeiten (und bis heute) kontrovers. Als Teil dieser innerjüdischen Kontroverse sind auch Jesu Streitgespräche über bestimmte Verhaltensweisen am Sabbat zu verstehen (vgl. Markus 2,23-28; Markus 3,1-6; Lukas 13,10-17; Lukas 14,1-6). Dabei bezieht er sich immer wieder auf das rabbinische Prinzip, nach dem die Rettung von Leben der Beachtung der Sabbatverbote übergeordnet ist. Viele der konkreten Regelungen versuchen das im alltäglichen individuellen und gesellschaftlichen Leben schwer durchzuhaltende und durchzusetzende Gebot der Sabbatruhe ›lebbar‹ zu machen. Dieser positive Sinn der Sabbatbestimmungen ist in der christlichen Tradition nicht verstanden worden, vielmehr wurden gerade sie zum Ausgangspunkt einer grundsätzlichen Polemik gegen die ›Spitzfindigkeit‹ der Tora. Dabei berief man sich immer wieder zu Unrecht darauf, daß Jesus die jüdische Sabbatpraxis in Frage gestellt habe. Diese Abgrenzung führte auch dazu, daß über eine konkrete Ethik des Sonntags nur an den Rändern der christlichen Tradition nachgedacht worden ist. Daß der christliche Sonntag immer weiter ausgehöhlt wird, hängt m.E. damit zusammen, daß man darauf verzichtete, ihn durch konkrete lebenspraktische Regelungen zu schützen, und Sabbat- und Sonntagspraxis sich immer stärker voneinander entfernten. Gemeinsam nach solchen Gestaltungsregeln suchen, könnte eine Aufgabe sein, die sich aus der Beschäftigung mit der jüdischen Sabbatpraxis ergibt.

Mit der Feier des Sabbats wird kein bestimmtes Ziel verbunden – etwa die Wiederherstellung der Arbeitskraft für die kommende Woche. Vielmehr bedeutet Sabbat feiern zunächst schlicht aufzuhören mit der Arbeit. (Seit der Antike handelten sich Juden dafür den Vorwurf der Faulheit ein.) Damit wird die Arbeit allerdings nicht herabgewürdigt. Während in der griechischen Philosophie vor allem die körperliche Arbeit dem Sklaven und Unfreien zugewiesen und dem freien, philosophisch gebildeten Bürger das Privileg der Muße zugestanden wurde, ist der Sabbat grundlegendes Vorrecht *aller* Bundesgenossen Gottes. Über das Volk Israel hinaus dürfen aber nach jüdischer Tradition alle Menschen an diesem Geschenk teilhaben: Jeder Mensch hat unabhängig von seinem Geschlecht und seiner gesellschaftlichen Position ein Recht auf sabbatliche Ruhe, es gilt sogar für die Tiere (5.Mose 5,13-14). Bildet so der Sabbat wöchentlich zeichenhaft *Gerechtigkeit* ab, so geht es im Sabbatjahr (vgl. 2.Mose 23,10-11) um die Wiederherstellung von gerechten Verhältnissen zwischen den Menschen und zwischen Mensch und Natur. Menschen und Tiere dürfen dem Gesetz ununterbrochener Produktivität nicht unterworfen werden, sie sind keine Maschinen, die ›rund um die Uhr‹ laufen. Um der *Menschlichkeit* willen gilt es darum, den gemeinsamen Ruhetag zu schützen, stellvertretend und engagiert gerade auch für diejenigen, die über seinen eigentlichen Hintergrund nichts mehr wissen. Den Sabbat feiern heißt deshalb: Wenigstens an einem Tag der Woche die Utopie einer gerechten und menschlichen Welt *leben*.

Was geht Christen der jüdische Sabbat an? Angesichts einer Geschichte, in der der Sabbat von christlicher Seite häufig diffamiert und die Sabbatruhe zu Diskriminierung und Verfolgung von Juden und Jüdinnen ausgenutzt wurde, ist die in der Frage ausgedrückte Skepsis von jüdischer Seite nur allzu berechtigt: Wollen sich Christen heute unbekümmert auch noch der jüdischen Tradition bemächtigen, den Sabbat dem Volk Israel rauben? Es kann für Christen und Christinnen deshalb nicht darum gehen, angesichts einer maroden Sonntagskultur den Sabbat als gelungenes religiöses Ritual einfach zu übernehmen.

Daß Christen der Sabbat etwas ›angeht‹, ist tatsächlich nicht selbstverständlich, sondern Grund zu höchster Dankbarkeit. Dankbarkeit dafür und Hoffnung darauf, daß Gott – trotz allem – durch sein Handeln an und in Jesus Christus auch uns zu sich und so auch zu seiner Geschichte mit seinem Volk Israel ruft. Am Sonntag erinnern sich Christen und Christinnen daran, daß Gott in der Auferweckung Jesu Christi sein Handeln für die ganze Welt bekräftigt hat. Sabbat und Sonntag verbindet der Gedanke der schöpferischen Ruhe – ›Re-creation‹ im doppelten Sinne: Erinnerung an die Vollendung der Schöpfung im Sabbat Gottes und Utopie der Neuschöpfung aller Kreatur. Den Sonntag vom Sabbat neu zu verstehen und ihn ›sabbatlich‹ zu begehen – dazu fordert heute das Nebeneinander beider Traditionen heraus. Dieses Nebeneinander würde dann nicht Gleichgültigkeit, sondern Achtung und Beziehung zueinander ausdrücken und das Erinnern der anderen Tradition einschließen.

Literatur

Karl Barth: Die Kirchliche Dogmatik. Dritter Band: Die Lehre von der Schöpfung. Erster Teil, Zürich 1947, 241ff.
Abraham J. Heschel: Der Sabbat. Seine Bedeutung für den heutigen Menschen, Neukirchen 1990 (=Information Judentum Bd. 10).
Erich Spier: Der Sabbat, Institut Kirche und Judentum, Berlin 1989 (= Das Judentum, Bd. 1).

4. Ist das Gebot der Feindesliebe ein spezifisch christliches Gebot?

Matthias Millard

Die Frage stellt sich durch eine Gegenüberstellung in der Bergpredigt, einer Rede Jesu im Matthäusevangelium: »Ihr habt gehört, daß zu den Alten gesagt ist: ›Du sollst deinen Nächsten lieben‹ (3. Mose 19,18) und deinen Feind hassen. Ich aber sage euch: Liebet eure Feinde und bittet für die, die euch verfolgen, damit ihr Kinder eures Vaters im Himmel seid« (Matth 5,43-45a).

Die Sache scheint damit eindeutig zu sein: Im Alten Testament und im Judentum scheint nur die Liebe zu den eigenen Genossen bekannt zu sein, erst Jesus fordert die Feindesliebe. Doch so einfach ist es nicht. Zunächst fällt auf, daß nur die Nächstenliebe im Alten Testament belegt ist; die Aufforderung, seinen Feind zu hassen, sucht man vergeblich. Ganz im Gegenteil: Noch innerhalb desselben Kapitels 3. Mose 19 wird von Israel das Gebot der Liebe gegenüber dem Fremdling gefordert (V.34). Wie wichtig auch dieses Gebot innerhalb des Alten Testamentes ist, wird an zwei begleitenden Sätzen deutlich: Dieses Gebot wird von einem konkreten Verbot, den Fremdling zu unterdrücken, unterstützt (V.33), und es wird mit dem Gründungspunkt Israels verknüpft, der Herausführung aus Ägypten (V.34). Kaum ein einzelnes Gebot des Alten Testaments ist so deutlich hervorgehoben.

Im Alten Testament gibt es außerdem Gebote, die konkretes Handeln gegenüber dem Feind gebieten: So ist dem Feind abhanden gekommenes bewegliches Eigentum ihm zurückzubringen (2. Mose 23,4), und wer seinen Feind bei einer ›Autopanne‹ sieht, ist zur Hilfeleistung verpflichtet (2. Mose 23,5). Das Gottesrecht der Tora läßt damit für gelebte Feindschaft keinen Platz.

Im rabbinischen Judentum ist wie im Neuen Testament das Gebot der Nächstenliebe vielfach hervorgehoben worden. Besonders markant ist eine Auslegung, die das Nächstenliebegebot in 3. Mose 19,18 sprachlich anders auffaßt, als es in unseren modernen christlichen Übersetzungen gängig ist: »Liebe deinen Nächsten. Er ist wie du.« (Sifra zu 3.Mose 19,18, weitere Parallelen) Deutlicher als in der üblichen Übersetzung ist hier, daß der Vergleich keine Einschränkung des Liebesgebotes beinhaltet, sondern eine Begründung. Als Begründung ziehen die Rabbinen eine zweite Stelle aus der Tora herzu, deren Relevanz beim Bibellesen zuerst nicht einleuchten könnte: Der Anfang des Stammbaums von Adam, dem ersten Menschen (1.Mose 5,1). Mit dieser zweiten Stelle ist in der Auslegung alles gesagt: Alle Menschen stammen von dem ersten Menschenpaar, Adam und Eva, ab, und darin sind sie gleich. Insofern ist der Nächste wie du, aber eben nicht nur der Nächste, sondern auch der Feind. Daß alle Menschen gleich welcher Nationalität und Rasse Geschwister sind, ist keine Neuentdeckung beispielsweise der Aufklärung oder der französischen Revolution, sondern Teil einer Lebensweisheit, die am Anfang der Bibel in der scheinbar so naiven Schöpfungsgeschichte enthalten ist. Und da diese Auslegung mit einem Stammbaum verbunden ist, ist auch gleichgültig, auf welcher Stufe im Menschheitsstammbaum sich das zu liebende Wesen befindet: Die Liebe zum Nächsten, der wie du Geschöpf Gottes ist, schließt die Liebe zu den Älteren oder schon Verstorbenen ebenso wie zu den Kindern oder noch nicht Geborenen ein, in diesem Verständnis sogar die Liebe zum ›Fernsten‹. Auch moderne jüdische Ethiken gehen deshalb oft zentral von dieser rabbinischen Auslegung des Nächstenliebegebotes aus.

Ich finde diese Auslegung so einleuchtend, daß mir die Frage nach ihrem Alter müßig erscheint: Sicher, die ältesten jüdischen Quellen dieser Auslegung sind erst nach Jesus zu datieren, aber ihr Sinngehalt ist dem biblischen Text selbst zu entnehmen. Daß die Schöpfungsgeschichte eben nur ein Urmenschenpaar kennt, ist von sich aus eine Aussage über die gemeinsame Würde aller Menschen, die aus sich heraus eine ethische Norm beinhaltet. Jesus bewegt sich mit seiner Auffassung des Nächstenliebegebotes damit ganz im Rahmen der üblichen jüdischen Auslegung der Stelle. Das wird besonders dadurch deutlich, daß er die Feindesliebe mit Aussagen begründet, die der Sorge Gottes um seine Geschöpfe entstammen (Matth 5,45).

Wieso wirkt dann aber das Gebot der Feindesliebe im Neuen Testament so polemisch? Nun, streiten ist für Toralehrer (wie für moderne Professoren) normal, es ist Teil des intensiven Ringens um die Wahrheit des Gotteswortes. Wie es in den Lehrhäusern damals zuging, kann uns heute deutlich werden, wenn wir Diskussionen im Talmud lesen: Fast jede Lehre wird dort nicht einfach hingeschrieben, sondern als Teil eines Diskussionsprozesses dargestellt, der oft auch an anderen Stellen aufgegriffen und weitergeführt wird. Und jede Diskussion setzt sich kritisch mit anderen Positionen auseinander. Vielleicht entsteht der Eindruck, das Feindesliebegebot sei so polemisch, auch nur dadurch, daß wir heute oft nur winzige Textausschnitte lesen. Das Gebot der Feindesliebe in Matth 5,43f. ist Teil der sogenannten Antithesen der Bergpredigt. Diese Sprüche werden von der Aussage Jesu eingeleitet, daß er nichts vom Gesetz aufheben will (Matth 5,17-19). Die Predigt Jesu ist damit Teil der innerjüdischen Diskussion. Wie wenig die sogenannten Antithesen der Bergpredigt gegen das rabbinische Judentum gerichtet sind, wird noch an einem anderen Detail deutlich: Die ersten drei Themen, die hier behandelt werden (Verbot des Tötens, Ehebrechens und Schwörens, d.h. des Mißbrauchs des Namens Gottes), sind eng mit den drei Themen verbunden, die das rabbinische Judentum sehr oft als Kern der Tora hervorgehoben und an die es jeweils weitere wichtige Themen angefügt hat. Nicht nur Jesus, auch die, die z.B. als Evangelisten seine Überlieferung ausgestaltet haben, sind damit ganz in der nachbiblischen jüdischen Auslegung der Tora beheimatet.

Literatur

E. Noort/R. Neudecker/H. Balz/H. Ringeling: Art. Nächster, Theologische Realenzyklopädie 32, 1994, 713-731.
Als Kommentar zu Matthäus 5,43-48 empfehle ich: *Ulrich Luz:* Das Evangelium nach Matthäus (Matth 1-7), Evangelisch-katholischer Kommentar zum Neuen Testament I/1, 4. Aufl. 1997, 304-318.
Den Horizont der Ethik Jesu im Judentum erschließt: *Gerd Theissen/Annette Merz:* Der historische Jesus. Ein Lehrbuch, Göttingen 1996, 311-358, bes. 339-349.
Zur Bedeutung der Nächstenliebe im Judentum nenne ich exemplarisch: *Leo Baeck:* Das Wesen des Judentums, 8. Aufl., Wiesbaden. 1988, 210ff. (»Der Glaube an den Nebenmenschen«).

5. Wo beginnt Judenfeindschaft?

Alfred Lohrbächer

Zum Begriff ›Judenfeindschaft‹

Judenfeindschaft begleitet die abendländische Geschichte durch alle Jahrhunderte, sie tritt in vielen Schattierungen auf. Sie richtet sich mit Diskriminierung, Verachtung und Haß und immer wieder auch mit dem Willen zur Vertreibung und Vernichtung gegen alle Juden und ihr Judentum.

Man unterscheidet hierin üblicherweise den religiös motivierten Antijudaismus, nach dem die jüdische Religion minderwertig, auf einer niedrigen Stufe religiöser Erkenntnis stehengeblieben sei und ihren göttlichen Auftrag mit der angeblichen Verwerfung Jesu verwirkt habe.

In der zweiten Hälfte des 19. Jahrhunderts verbreitete sich eine andere Form von Judenfeindschaft, der Antisemitismus. Nach dieser pseudowissenschaftlichen Ideologie haben Juden negative rassische Merkmale, die unverlierbar sind. Sie wurde vom Nationalsozialismus zur Grundlage staatlichen Handelns gemacht.

Besonders gefährlich ist die Verbindung von Antisemitismus und Antijudaismus, da religiöse Überzeugungen dem zerstörerischen antisemitischen Handeln ein gutes Gewissen verleihen können.

Es gibt darüber hinaus viele versteckte judenfeindliche Einstellungen, die sich den zwei Kategorien nicht unbedingt zuordnen lassen, gleichwohl aber schlimme Wirkungen auf Juden haben. Darum ist es angemessen, alle möglichen pauschal-negativen Einstellungen und Handlungen gegenüber Juden mit dem umfassenden Begriff ›Judenfeindschaft‹ zu bezeichnen.

Nach der Schoa wird die Judenfeindschaft allgemein – auch in den großen Kirchen – verurteilt. Die Leugnung der Ermordung der europäischen Juden in der Zeit des Nationalsozialismus, die direkten verbalen und/oder gewalttätigen Angriffe auf Juden und jüdische Einrichtungen (wie Synagogen und Friedhöfe), also die direkten Ausdrucksformen von Judenfeindschaft, sind und bleiben wohl auch in der Sicht der großen Mehrheit der Bevölkerung verwerflich und werden entsprechend strafrechtlich geahndet.

Doch brechen daneben immer wieder judenfeindliche Aktivitäten auf, die toleriert, leicht verziehen, schnell verdrängt oder als solche gar nicht erkannt werden. Ihnen gilt im folgenden die besondere Aufmerksamkeit. Fünf solcher kaum als judenfeindlich identifizierter Positionen sollen hier beispielhaft dargestellt werden:

Negative Abgrenzung von Juden und vom Judentum

Christen fanden und finden allzu oft ihre Identität durch negative Abgrenzung von Juden und Judentum – diese werden als negative, dunkle Folie benutzt, auf deren Hintergrund das ›leuchtend Neue‹, das ›Helle‹ des christlichen Glaubens sich um so deutlicher abhob und abhebt: die angeblich gesetzlichen Pharisäer werden dem freimachenden Jesus, der ›alttestamentlich-jüdische Gott der Vergeltung‹ dem neutestamentlichen ›Gott der Liebe‹ gegenübergestellt, Gesetz und Evangelium werden auf das Alte und das Neue Testament bzw. auf Judentum und Christentum aufgeteilt, immer noch ist die Behauptung anzutreffen, das Gebot der Nächstenliebe samt dem der Feindesliebe sei das

Neue im Christentum, schließlich wird die angebliche Bedeutungslosigkeit der Frau und des Kindes in der jüdischen Religion der Frauen und Kinder befreienden Lichtgestalt Jesu gegenübergestellt.

Enteignung des Judentums

Die fraglose Übertragung des Ehrentitels ›Volk Gottes‹ auf die Kirche *(z. B.: »Freut euch, wir sind Gottes Volk...«*; EG, Badische Ausgabe Nr. 611), die bedenkenlose Verwendung des aaronitischen Segens im Gottesdienst, die ebenso bedenkenlose Benutzung der für das Judentum so geprägten Begriffe ›Israel‹ und ›Zion‹ für die Kirche (z.B.: in einer Auslegung zu Jes 62,6f.: *»Wie fühlen wir Protestanten uns in diesem Text zu Hause! Auf den Mauern Jerusalems, Zions, traditionelle christliche Chiffre für die Kirche, das ›neue Zion‹, stehen die Wächter ...«; H. Goltz, Predigthilfe zum Reformationstag 1995, herausgegeben vom Gustav-Adolf-Werk*) – all das geschieht schon seit Anbeginn der christlichen Kirche und es geschieht immer noch, als ob es das Judentum nicht gäbe. So wurde und wird der jüdische Jesus als der erste Christ verstanden, um anschließend sein Judentum als Anachronismus zu brandmarken.

Eine scheinbar harmlosere Variante der Enteignung stellt die bedenkenlose Benutzung jüdischer Aussagen und Begriffe als Illustrationsmaterial für christliche Sachverhalte dar:

- So wird im christlichen Religionsunterricht jüdische Religion explizit zwar behandelt, doch kann daneben problemlos die Verunglimpfung jüdischer Torafrömmigkeit als scheinheiliger Gesetzesreligion stehen.
- Im Unterricht wird die Sederfeier nachgespielt.
- Christliche Feste werden mit Texten aus der jüdischen Tradition ›angereichert‹.
- In die Reihe dieser enteignenden »Vernutzungen« gehört auch die Feier des Sederabendmahls am Gründonnerstag oder die Verwendung des siebenarmigen Leuchters im christlichen Gottesdienst.

Solange zentrale christliche Inhalte nicht auf ihre antijüdischen Aspekte, auch nicht auf ihre jüdischen Grundüberzeugungen widersprechenden Aussagen hin überprüft *und* korrigiert werden, ist die

Verwendung jüdischer Texte und Symbole in diesem Kontext judenfeindlicher Natur.

Leugnung jüdischen Selbstverständnisses

Häufig wird das Problem judenfeindlicher Einstellung darin gesehen, daß die Deutschen immer noch nicht begriffen hätten, daß Juden kein Volk, keine Nation, sondern eine Religion seien, eine Religion wie auch die anderen Weltreligionen. Nun ist aber Judesein anders als Christsein durch die ›Doppelmitgliedschaft‹ gekennzeichnet, d. h. jüdische Existenz ist sowohl definiert durch die Zugehörigkeit zu einem Volk wie auch durch die Zugehörigkeit zur Religion. Hinter der genannten Definition von Nichtjuden steht vielleicht eine gute Absicht, doch sie erspart sich die Auseinandersetzung mit dem lebendigen Judentum, sie setzt eine unselige Tradition fort, die mit dem Auseinandergehen von Judentum und Christentum einsetzte: Judentum wurde immer von seinen Gegnern an der Realität vorbei definiert.

Auch die Nicht-Wahrnehmung der so unterschiedlichen Strömungen des Judentums in und außerhalb Israels ist häufig – meist unbewußt – judenfeindlich motiviert. Wenn Medien immer wieder Juden als fromme Juden, meist mit Kaftan, Streimel oder zumindest mit Kippa ins Bild setzen, wenn in der Vorstellung vieler Menschen Juden nur fromme Menschen sein können, die die ›strengen‹ Regeln ihrer Religion achten, obwohl die meisten Juden eher traditionell (ohne erkennbare äußere Zeichen) oder säkular leben, dann wirken solche Festlegungen sich oft auf die wirkliche Begegnung bzw. auf die Sicht des Judentums unter Nichtjuden verheerend aus.

Anti-Zionismus unter Deutschen

Eine besonders versteckte Form der Judenfeindschaft ergibt sich aus folgendem Sachverhalt: Viele pflegen – zumindest oberflächlich – gute Beziehungen mit Juden hierzulande, stehen aber den jüdischen Israelis auffallend kritisch bis ablehnend gegenüber, und dies nicht erst seit Beginn der Netanjahu-Regierung. Erwachsene und Jugendliche ziehen aus der Wahrnehmung israelischer Politik gegenüber Palästinensern oft nur den Deutsche entlastenden Schluß: Jetzt sind die ›Opfer‹ zu ›Tätern‹ geworden. Viele Maßnahmen israelischer Politik gegenüber den Palästinensern werden so bewertet, daß damit die Juden keine ›Opfer‹ mehr sind, die es wegen der Verbrechen der Deutschen an den Juden zu bemitleiden gilt, sondern daß sie sich durchaus auch auf Machtpolitik und damit einhergehend auf Diskriminierung und Unrecht gegenüber Unschuldigen verstehen. So kann man endlich sein schlechtes Gewissen gegenüber den jüdischen ›Opfern‹ loswerden und die Last der Schuld vergessen. Folgerichtig fügt sich in diesem eine weitere Entlastung hinzu, wenn man sich mit dem Schicksal der scheinbar unschuldigen Palästinenser identifiziert. So erlebt man dann die Entschuldung verstärkt: Die Palästinenser erscheinen als die ›verfolgten Juden von heute‹, darum muß man sich mit ihnen gegen Israel verbünden. Solcher ›Anti-Zionismus‹ prägt sehr viele Menschen aus allen politischen, weltanschaulichen und gesellschaftlichen Lagern. Kaum ein Thema verbindet Menschen unterschiedlicher Überzeugung stärker. An dieser Sicht haben die meisten Medien in Deutschland durch die Art der Präsentation von Berichten über den israelisch-palästinensischen Konflikt einen wesentlichen Anteil.

Schlußstrichmentalität

Es wächst besonders auch unter Jugendlichen die Zahl derer, die der Meinung sind, daß man über die Judenverfolgung nicht mehr soviel reden, sondern endlich einen Schlußstrich unter die Vergangenheit ziehen sollte. Sie sind auch meist nicht bereit, sich die Unterscheidung von Schuld- und Verantwortungsübernahme zu eigen zu machen. Jeder Aufforderung, sich der Schoah zu erinnern, entnehmen sie die direkte Schuldzuweisung an sie, die Jugend, obwohl das ausdrücklich nicht gemeint war. Mit dieser Position, der Zurückweisung jeder historischen Verantwortung auch über Generationen hinweg, schwindet das Bewußtsein besonderer Verantwortung gegenüber dem jüdischen Volk und damit auch die Abwehrbereitschaft gegenüber neuen rechten Versuchungen, die in ihrem Grunde – das zeigen Untersuchungen immer wieder – erst einmal judenfeindliche Tendenzen aufweisen, auch wenn sie sich z.B. gegen Ausländer wenden.

Zusammenfassende Überlegungen

Die aufgezeigten Haltungen, Einstellungen und Aussagen bedürfen sensibler Wahrnehmung, weil sie oft den Nährboden für Schlimmeres bilden. Da direkte Judenfeindschaft unter uns weitgehend tabuisiert ist, tritt nach wie vor vorhandene Judenfeindschaft gerne unter einem Deckmantel auf, der erlaubt, allgemein akzeptierte Vorbehalte gegen Juden weiter zu verbreiten. Es handelt sich um subtile Formen der Nichtwahrnehmung, der Ausgrenzung und der Beseitigung von Juden und Judentum. Den skizzierten judenfeindlichen Aktivitäten ist gemeinsam, daß sie das wirklich existierende Judentum nicht wahrnehmen, sondern sich ihre aus einer judenfeindlichen Tradition kommenden Bilder machen. Judenfeindlichkeit entspringt dort, wo das Vorhandensein von Juden und Judentum, ihre Lebendigkeit und Vielfältigkeit, ihr Recht auf Eigenständigkeit einfach nicht wahrgenommen wird und statt dessen aus lebendigen Subjekten benutzte Objekte für fremde Zwecke werden.

VI. Hoffnung

1. Ist die Auferweckung der Toten eine Hoffnung nur für Christen?

Tobias Kriener

1. Schon im Alten Testament findet sich die Hoffnung auf die Auferweckung der Toten (Jesaja 26,19: »Deine Toten werden leben, meine Leichen aufstehen«. Daniel 12,2: »Viele von denen, die schlafen im Erdstaub, werden aufwachen, die einen zu ewigem Leben, die anderen zu Schmach, zu ewigem Abscheu«).

Zur Zeit Jesu hofften die meisten Juden auf die Auferweckung der Toten am Ende dieser Welt und den Beginn der kommenden Welt. Nur eine Gruppe im Judentum teilte diese Hoffnung nicht: Die Sadduzäer. (Wir wissen das aus einer Diskussion, die Jesus mit den Sadduzäern hatte: Markus 12,18-27.) Das wird daher gekommen sein, daß die Sadduzäer als die Aristokratie des jüdischen Volkes recht gut lebten, während die Mehrzahl der Juden unter Ausbeutung und Ungerechtigkeit der römischen Besatzung litt. Leute wie die Sadduzäer, die in diesem Leben alles haben, machen sich erfahrungsgemäß nicht viele Gedanken über das, was nach diesem Leben kommt. Die Leidenden des jüdischen Volkes aber hofften darauf, daß Gott, weil er gerecht ist, einen Ausgleich für die Ungerechtigkeit in diesem Leben schaffen wird. »Die Hoffnung auf Auferstehung entspringt nicht dem Wunsch Etablierter, daß es immer so weitergehen möge, sondern dem Verlangen Bedrängter, daß es doch endlich anders werde.« (Wengst, S. 25)

Ein Beispiel: In 2. Makkabäer 7 wird erzählt, wie sieben Brüder um ihres jüdischen Glaubens willen den Märtyrertod erleiden. Ihre Mutter, die alles mit ansehen muß, bekennt: »Der, der die Welt geschaffen und alle Menschen gemacht und das Werden aller Dinge erdacht hat, wird euch den Odem und das Leben gnädig zurückgeben, weil ihr jetzt um seiner Gebote willen keine Rücksicht nehmt auf euch selbst.« (2 Makk 7,23) Die Hoffnung auf Auferweckung wurzelt also nicht im Trachten nach Lebensverlängerung um jeden Preis. Sondern umgekehrt wurzelt sie in der Gewißheit, daß Gott zu seinem Bund mit den Juden steht, die von ihm mit dem Halten seiner Gebote beauftragt sind und darum nicht an ihrem Leben zu hängen brauchen.

Jesus verkündigte den Armen, daß das erhoffte Reich Gottes nahe sei. Also teilte Jesus die Hoffnung der Mehrzahl seines Volkes auf Auferweckung der Toten.

Nach der Zerstörung Jerusalems und des Tempels im Jahr 70 n. Chr. büßten die Sadduzäer jede Bedeutung ein. Die Hoffnung auf Auferweckung der Toten wurde im Judentum unter der Leitung der Rabbinen zur bis auf den heutigen Tag allgemein geteilten Glaubensüberzeugung.

Die Hoffnung auf Auferweckung der Toten kommt z.B. im »18-Bitten-Gebet« zum Ausdruck, das im täglichen Morgen- und Abendgebet gesprochen wird. In der 2. Bitte heißt es: »Du bist mächtig in Ewigkeit, Herr, belebest die Toten, du bist stark zum Helfen. Du ernährst die Lebenden mit Gnade, belebst die Toten mit großem Erbarmen, stützest die Fallenden, heilst die Kranken, befreist die Gefesselten und hältst die Treue denen, die im Staub schlafen. Wer ist wie du, Herr der Allmacht, und wer gleichet dir, König, der du tötest und belebst und Heil aufsprießen läßt? Und treu bist du, die Toten wieder zu beleben. Gelobt seist du, Ewiger, der du die Toten wieder belebst!«

Die Hoffnung der Juden auf Auferweckung der Toten gilt nicht nur für Angehörige des eigenen Volkes. Maimonides legt fest: »Auch die Frommen der Weltvölker haben Anteil an der kommenden Welt.« Das heißt: Die Auferweckung erfolgt keineswegs für alle Heiden zum Gericht, sondern nur für die, die sich ungerecht verhalten haben. Die Gerechten erwartet das Reich Gottes, auch wenn sie keine Juden sind.

2. Die Auferweckung Jesu nach seinem Tod am Kreuz ist der Ausgangspunkt für die Entstehung der christlichen Gemeinden. Ohne die Auferweckung Jesu fällt der christliche Glaube dahin. So schreibt der Apostel Paulus: »Denn wenn Tote nicht auferweckt werden, so

ist auch Christus nicht auferweckt worden. Ist aber Christus nicht auferweckt worden, so ist euer Glaube nichtig, ihr seid noch in euren Sünden« (1. Korinther 15,16-17).

Die ersten Christen, die von Begegnungen mit dem auferweckten Jesus berichteten, waren allesamt Juden. Sie deuteten dieses Ereignis darum auf dem Hintergrund ihrer Bibel und Tradition:

Zum einen war Jesu Auferweckung für sie seine Bestätigung als ein Gerechter durch Gott. Seine Auferweckung zeigte: Jesus war unschuldig als Märtyrer gestorben. Gott aber hatte ihn nicht im Stich gelassen, sondern schenkte ihm neues Leben.

Zum anderen war die Auferweckung Jesu für sie der Anfang vom Ende dieser Welt und der Beginn der kommenden Welt. Jesu Auferweckung war der Anfang der allgemeinen Auferweckung der Toten. Jesus ist nur als »Erstling der Entschlafenen« von den Toten auferweckt worden (1 Kor 15,20).

Im Neuen Testament findet sich auch der Gedanke, daß allen Menschen die Möglichkeit offensteht, ins Reich Gottes zu gelangen, nicht nur den Christen. In Matthäus 25,31-46 wird erzählt, daß der zum Gericht kommende Menschensohn »alle Völker« versammeln werde. Das Kriterium seines Rechtsspruchs wird sein: »Was ihr einem von diesen meinen geringsten Brüdern getan habt...« Und in Matth 7,21 sagt Jesus: »Es werden nicht alle, die zu mir sagen: Herr, Herr!, in das Himmelreich kommen, sondern die den Willen tun meines Vaters im Himmel.« Allerdings berichtet das Neue Testament auch von dem Jesus-Wort: »Wer immer nun sich zu mir bekennt vor den Menschen, zu dem werde auch ich mich bekennen vor meinem Vater in den Himmeln. Wer mich aber verleugnet vor den Menschen, den werde auch ich verleugnen vor meinem Vater in den Himmeln.« (Matth 10,32.33)

3. Die Hoffnung auf die Auferweckung von den Toten ist unverzichtbarer Bestandteil des christlichen Glaubens. Daher steht im 3. Artikel des Apostolischen Glaubensbekenntnisses: »Ich glaube an ... die Auferstehung der Toten.« Mit der Ausbreitung des Christentums wurde auch die Hoffnung auf Auferweckung der Toten in aller Welt verbreitet.

Schon bald band die Kirche die Hoffnung auf Ewiges Leben exklusiv an die Kirchenmitgliedschaft. Außerhalb der Kirche gebe es kein Heil, waren bereits die Kirchenväter des 2. Jh. überzeugt.

Erst seitdem mit der Reformation auch außerhalb der ›alleinseligmachenden Kirche‹ Christen zu finden sind, kommen Theologen wieder auf den Gedanken, daß sich der Versöhnungswille und das Erlösungshandeln Gottes weiter erstrecken, als die Grenzen der christlichen Konfessionen abstecken. So schreibt beispielsweise Karl Barth:

»In der [...] Berufung jedes Einzelnen vollzieht sich ja eine Öffnung und Erweiterung des in sich geschlossenen Kreises der [...] Gemeinde nach der Welt hin [...] es ist [...] Gottes Sache [...], welches der letzte Umfang jenes Kreises sein wird. Daß er sich mit der Menschenwelt als solcher [...] decken müsse und werde, das ist ein Satz, den man unter der Respektierung der F r e i h e i t der göttlichen Gnade nicht wagen kann. [...] Wiederum ist aber in dankbarer Erkenntnis der G n a d e der göttlichen Freiheit auch der andere Satz nicht zu wagen, daß es zu jener letzten [...] Erweiterung des Kreises der [...] Berufenen auf keinen Fall kommen könne und werde.« (KD II/2, 461-462)

4. Den Islam könnte man – jedenfalls was seine Ursprünge angeht – kurz gesagt als eine auf den Kopf gestellte Version (Muslime würden selbstverständlich sagen: die vom Kopf auf die Füße gestellte Version) des jüdischen und christlichen Glaubens beschreiben. (Beispielhaft zeigt sich diese Umkehrung in der islamischen Version der Abrahamsgeschichte, in der Ismael es ist, der von Abraham geopfert werden soll; Ismael ist der erwählte Sohn, nicht Isaak.)

Daher teilt der Islam viele der jüdischen und christlichen Überzeugungen, darunter auch die Hoffnung auf die Auferweckung der Toten. Im Koran trägt die Sure 75 den Namen »Die Auferstehung«. Dort heißt es: »Ich schwöre beim Tag der Auferstehung. [...] Meint denn der Mensch, wir (Gott) würden dereinst seine Knochen nicht zusammensetzen und ihn wieder zum Leben erwecken? Aber ja! Wir sind sogar imstande, seinen Finger wieder zurecht zu formen. [...] An jenem Tag wird man dem Menschen Kunde geben über das, was er früher getan, und was er versäumt hat.« Die Hoffnung auf Auferweckung ist im Schöpfungsglauben begründet. Sure 30,27 heißt es: »Und er ist es, der die Schöpfung ein erstes Mal (zur Existenz im Diesseits) vollzieht und sie hierauf (bei der Auferweckung zur Existenz im Jenseits) wiederholt. Das fällt ihm ganz leicht.«

Auch der Islam sieht in der Auferweckung der Toten nicht nur für Muslime eine Hoffnung. Mindestens für Juden und Christen, die

›Völker des Buches‹, gilt die Aufforderung: »Wetteifert nun nach den guten Dingen! Zu Gott werdet ihr dereinst allesamt zurückkehren.« (Sure 5,48; Koranzitate in der Übersetzung von Rudi Paret.)

Literatur

Klaus Wengst: Ostern. Ein wirkliches Gleichnis, eine wahre Geschichte, München 1991.

2. Wann kommt der Messias (wieder)?

Jürgen Ebach

Die Erwartung des Kommens des Messias *verbindet* Juden und Christen; die Erwartung des Kommens des Messias *unterscheidet* Juden und Christen. Christen bekennen Jesus als den Christus (griech. *christos*, lat. *Christus* ist die Übersetzung des hebr. Wortes *maschiach*, das den Gesalbten, d.h. zum Herrscher Bestimmten bezeichnet). In Kreuz und Auferstehung hat Gott sich mit Jesus als dem Messias identifiziert, er wurde in den Himmel aufgenommen und, so heißt es im Apostolischen Glaubensbekenntnis: »Von dort wird er kommen, zu richten die Lebenden und die Toten«. Insofern glauben Christinnen und Christen, daß Jesus als der Christus (der Messias) *gekommen ist* und am Ende der Tage *wieder kommen wird*, um die Gottesherrschaft ganz aufzurichten. Während sich in der Frage der Anerkennung Jesu als des Messias Christen von Juden getrennt haben, bleiben beide in der Erwartung des Kommens des Messias verbunden.

Im Kaddisch bitten Juden Gott: »Er lasse sein Reich erstehen, seine Erlösung sprießen und seinen Gesalbten herannahen [...] bald und in naher Zeit.« Im Morgengebet heißt es: »Er sendet den Gesalbten einst, wann erst die Zeit gekommen, zu lösen, die geharrt des Heils, die treu bewährten Frommen«, und der 12. Glaubensartikel nach Maimonides lautet: »Ich glaube mit vollkommenem Glauben an das Kommen des Maschiach, und obwohl er sich verzögert, warte ich dennoch täglich auf ihn, daß er kommt.« Auch die Erfahrung der Verzögerung des Kommens des Messias verbindet Juden und Christen. Die messianische *Hoffnung* ist stets *auch* Bearbeitung einer Enttäuschungserfahrung. Die christlichen Gemeinden mußten damit leben lernen, daß die Wiederkunft des Herrn (die z.B. Paulus noch zu seinen Lebzeiten erwartete, vgl. 1.Thess 4,17) so lange auf sich warten ließ, ohne deshalb die Erwartung preiszugeben. Die jüdische Messiaserwartung mußte sich gegen die wiederholten Erfahrungen ›falscher Messiasse‹ (von Bar Kochba bis Schabbatai Zwi und Jakob Frank, aber auch Jesus gehört aus jüdischer Sicht in diese Linie) behaupten, ohne der Versuchung zu verfallen, lieber die Erwartung aufzugeben als getrogen werden zu können. Deshalb gibt es sowohl in jüdischer als auch in christlicher Tradition Versuche, die Zeit des Kommens des Messias zu berechnen oder gar zu beschleunigen, aber dagegen mehrheitlich die Warnung vor solchen Berechnungen (im Neuen Testament z.B. Matth 24,36.42;25,13; Apg 13,33, als Beispiele für die rabbinische Tradition: »Wer das Ende bestimmt, hat keinen Anteil an der kommenden Welt« [Derech Erez Rabba 11; vgl. bPes 54b; bSanh 97b]). So stehen in jüdischer und christlicher Tradition nebeneinander die Antworten: Niemand weiß, wann er kommen wird – er kann in jedem Moment kommen!

Gemeinsam ist Juden und Christen die Erwartung des Messias aus Israel, aus dem Hause Davids.

Christen hören z.B. in jedem Weihnachtsgottesdienst die Texte aus Jes 7;9;11; Mi 5; Sach 9, die – auch ohne den Messias*titel* – den kommenden Friedensherrscher aus der Familie Davids verheißen und die sich in christlicher Perspektive in Jesus, dem Gesalbten erfüllen. In der Tradition von der Geburt Jesu in *Bethlehem* ist die Verbindung zum davidischen Messias ebenso leitend wie in der Abstammung Josefs, des Vaters Jesu, von David (Matth 1). Oft wurden die messianischen Texte des Alten Testaments in der Weise auf Jesus als den Christus bezogen, daß Juden als die ersten und bleibend ersten Adressaten mißachtet wurden oder ihnen vorgeworfen wurde, sie verstünden, wenn sie Jesus als den Messias ablehnten, ihre eigene Bibel nicht. Wenn diese unselige Enteignungsgeschichte überwunden wird, könnte gerade umgekehrt in der durch und durch alttestamentlich-jüdischen ›Verortung‹ Jesu und der christlichen Jesustraditionen die unaufgebbare Verbindung zu Israel erkennbar werden. Freilich müssen Christen anerkennen, daß ihr Bekenntnis zu Jesus als dem Christus ein mögliches, aber nicht das einzig mögliche und nicht das erste Verstehen der messianischen Verheißungen des Alten Testaments ist, und sie müssen lernen, daß der christliche Messiasglauben dem jüdischen nicht das Recht nimmt.

So gibt es vielfache Gemeinsamkeiten zwischen christlicher und jüdischer Messiaserwartung, und weitere können im jüdisch-christlichen *Dialog* entdeckt werden. Aber dabei dürfen die eben so gewichtigen Unterschiede nicht verwischt werden. Die erste wichtige Differenz besteht darin, daß die Frage nach dem Messias und seinem Kommen für Juden und Christen von unterschiedlichem Gewicht ist. Der christliche Glaube steht und fällt mit dem Bekenntnis zu Jesus als dem Christus (zwar ist Christus kein Name, aber er hat dem Christentum Namen und Identität gegeben). Für den jüdischen Glauben (das gilt trotz vieler Nuancen für das Judentum aller Zeiten und Richtungen) ist die Messiasfrage ein wichtige, aber nicht die zentrale Frage jüdischer Identität. Es handelt sich um eine Frage der Auslegung (Aggada), nicht um eine der praktischen Lebensführung (Halacha), zudem ist die Messiasfrage der Erwartung der Erlösung durch Gott selbst zu- und untergeordnet. Das ist der Grund dafür, daß das Bekenntnis der frühen Jesusanhänger zu ihm als dem Messias nicht sogleich zur Trennung vom Judentum führte. Auch die jüdische Tradition kennt große Lehrer, die eine historische Person für den Messias hielten.

So sah Rabbi Akiva in Bar Kochba, dem Führer des jüdischen Kriegs gegen Rom (135 n.Chr.), den Messias. Auch wenn die Tradition ihm nicht folgte (Bar Kochba scheiterte und gilt seitdem als falscher Messias), *blieb* Akiva ein bedeutender und maßgebender Lehrer des rabbinischen Judentums.

Wichtiger als die Frage nach der *Person* des Messias (die im Judentum sehr unterschiedlich beurteilt wird), ist in jüdischer Auffassung die nach der messianischen *Zeit*. Sie geht dem Anbruch der kommenden Welt voraus, und zwar mit großen Stürmen und Krisen (*messianische Wehen*). Deshalb gab es Rabbinen, die sich das Kommen des Messias nicht in der eigenen Lebenszeit erhofften. Die apokalyptischen Krisen und Kämpfe der messianischen Zeit kommen auch im Neuen Testament in den Blick, wie denn überhaupt nicht nur der Gedanke der Vollendung, sondern auch der des Abbruchs zur Messiaserwartung gehört.

Die Konzentrierung auf die Frage nach der messianischen Zeit ließ im Judentum auch die Vorstellung eines Messianismus *ohne* Messias(gestalt) zu. Im Zentrum steht dabei die Hoffnung auf die Realisierung des Friedensreiches Gottes und seiner Gerechtigkeit, wie es in prophetischen Zukunftsansagen (Jes 9; 11; 65; Sach 9) verheißen ist.

Die Messiaserwartung *verbindet* Juden und Christen; die Messiaserwartung *unterscheidet* Juden und Christen. Beides formulierte die rheinische Synode in ihrem Beschluß zur Erneuerung des Verhältnisses von Christen und Juden (1980) so:

»Wir bekennen uns zu Jesus Christus, dem Juden, der als Messias Israels der Retter der Welt ist und die Völker der Welt mit dem Volk Gottes verbindet.«

»Wir bekennen die gemeinsame Hoffnung eines neuen Himmels und einer neuen Erde und die Kraft dieser messianischen Hoffnung für das Zeugnis und das Handeln von Christen und Juden für Gerechtigkeit und Frieden in der Welt.«

Wann kommt der Messias (wieder)? Juden und Christen bleiben in der Erwartung verbunden.

Wenn der Messias kommen wird, wird man sehen, ob der kommende der wiedergekommene ist.

Literatur

Ekkehard Stegemann (Hg.): Messias-Vorstellungen bei Juden und Christen, Stuttgart 1992.

Der Messias. Jahrbuch für Biblische Theologie, 1993.

P.N. Levinson: Einführung in die rabbinische Theologie, Darmstadt 1982, bes. S.84-87.

3. »Gott wird sein alles in allen« (1.Korinther 15,28)

Jürgen Moltmann

Auf die Frage, was Juden und Christen gemeinsam sei, hat der große jüdische Philosoph Martin Buber geantwortet: »Ein Buch und eine Hoffnung«. Über das ›gemeinsame Buch‹, das die Juden Tenach und die Christen Altes Testament nennen, ist im 1.Kapitel schon ausführlich geschrieben worden. Wenn auch die einzelnen Bücher dieselben sind, sind sie doch im Alten Testament anders angeordnet als im Tenach: Während die Propheten dort etwa in der Mitte stehen, stehen sie hier am Schluß, um auf das Kommen Christi hinzuweisen, von dem das Neue Testament spricht. Das Alte Testament wird nicht deshalb ›alt‹ genannt, weil mit dem ›Neuen Testament‹ etwas Besseres erschienen sei, dann hätte man es vergessen können, sondern weil es die Ursprungsschrift für das Neue Testament ist und dieses ohne jenes nicht sein kann und erst recht nicht verstanden werden kann. Nennen wir es also das Altehrwürdige Testament und lesen wir beide nicht nacheinander, sondern nebeneinander als die zwei Testamente der einen, großen Hoffnung für die Menschheit und alle Geschöpfe im Himmel und auf der Erde auf das Kommen Gottes. Das ist jene Zukunft, in der der eine Gott Israels und Vater Jesu Christi zum all-einen Gott aller Geschöpfe und damit »alles in allen« (1.Kor 15,28) wird: Reich der Herrlichkeit – neuer Himmel und neue Erde – ewiges Leben.

Sehen wir uns 1.Kor 15,28 genauer an: »Wenn aber alles ihm (Christus) untertan wird, dann wird auch der Sohn selbst untertan sein dem, der ihm alles untergetan hat, auf daß Gott sei alles in allem« (Luthers Übersetzung). Das ist für Paulus das Finale der Heilsgeschichte. Es ist das Ziel des großen, endzeitlichen Auferstehungsprozesses: Zuerst ist Christus von den Toten auferweckt und zum »Erstling« in der Auferweckung der Toten geworden. Dann werden die auferweckt, die zu Christus gehören, wenn er kommen wird. Aber das Ende kommt erst dann, wenn Christus alle herrschenden Gewalten und zuletzt den Tod überwinden wird, um das vollendete Reich des Lebens Gott dem Vater zu übergeben. Dann wird die hier noch umstrittene Christusherrschaft zur vollendeten, siegreichen Gottesherrschaft werden. Der Tod und mit ihm die Macht der vergänglichen Zeit verschwinden aus der Schöpfung. Gottes lichte Herrlichkeit wird alle Geschöpfe durchdringen, mit der ewigen Lebendigkeit Gottes erfüllen. Dann wird nicht alles in Gott wie in einem Ozean versinken, sondern Gott wird »alles *in allen*«, wie es wörtlich heißt. Alle Dinge in Gott – Gott in allen Dingen: Das ist die Vision von der Vollendung des Reiches Gottes. Göttliches und Menschliches vermischen sich nicht, aber durchdringen sich gegenseitig. Himmlisches und Irdisches verbinden sich. Dafür ist Jesus gekommen; dafür ist er gestorben und auferweckt und zum Herrn über alle Dinge erhöht worden. Nicht um seiner selbst, sondern um der Ankunft und Vollendung des Reiches Gottes willen ist Jesus der Christus Gottes. In dieser letzten Hinsicht ist sogar die heilende und erlösende Herrschaft Christi über Tote und Lebendige (Römer 14,9) noch vorläufig zu nennen. Erst in der Vollendung der Herrschaft Christi zum »Reich« – Paulus verwendet nur hier dieses Wort – und in der Reichsübergabe an den Vater vollendet sich die Liebe des Sohnes. So ist Christus der Weg und »Gott alles in allen« das Ziel.

Die bildliche Darstellung für diese Vollendung finden wir im 21. Kapitel der viel später geschriebenen Offenbarung des Johannes von Patmos: Himmel und Erde und alle Geschöpfe werden »neu geschaffen« (21, 5), damit sie das neue Jerusalem« (21,2), das vom Himmel auf die Erde kommt, aufnehmen können. Das ist nicht nur die »Stadt Gottes«, sondern die Tempelstadt Gottes und, wenn man sich die Maße genau ansieht (21, 16 -23), der kosmische Tempel Gottes. »Die Herrlichkeit Gottes erleuchtet sie und ihre Leuchte ist das Lamm« (21, 23). Darin soll die Gottesverheißung erfüllt werden: »Siehe, die Hütte Gottes bei den Menschen. Und er wird bei ihnen wohnen, und sie werden sein Volk (wörtlich: seine Völker) sein, und er selbst, Gott mit ihnen, wird ihr Gott sein« (21,3). Worauf es bei den wunderbaren Bildern der Offenbarung ankommt, ist das kleine Wort »wohnen«: Gott kommt und wird in seiner Schöpfung *einwohnen,* und Himmel und Erde werden zur *Wohnung* seiner Herrlichkeit werden, in der Gott zu *seiner Ruhe* kommt wie am Sabbattag in seiner Schöpfung im Anfang.

In der Vision dieser kosmischen Einwohnung Gottes »in allen« erfüllen sich in der Tat die Hoffnungen und Gotteserfahrungen Israels ebenso wie die Hoffnungen und Christuserfahrungen der Christenheit. Israel hat von Anfang an die Gegenwart Gottes in seinem Exodus in die Freiheit und im Gottesbund am Sinai erfahren. Denn zum Gottesbund gehört mit der Verheißung ›Ich will euer Gott sein‹ auch die Zusage: ›Ich will in eurer Mitte wohnen‹. Konkret sah diese Einwohnung Gottes in Israel zuerst so aus, daß Gott auf der Bundeslade ›wohnte‹, die das wandernde Gottesvolk mit sich führte. Nach der Eroberung Jerusalems wurde sie zum Zion gebracht, wo Salomo den Tempel baute. Hinfort ›wohnte‹ Gott im Allerheiligsten des Tempels. Nach der Zerstörung des Tempels 587 v.Chr. durch die Babylonier aber – und das ist die wunderbare Deutung Israels im Exil der babylonischen Gefangenschaft – zog diese ›Einwohnung Gottes‹ mit den Gefangenen, damit Gott weiterhin ›in ihrer Mitte‹ gegenwärtig sei. Diese mitwandernde und mitleidende ›Einwohnung Gottes‹ wird die *Schechina Gottes* genannt. In ihr wird Gott zum heimatlosen Weggefährten und Mitleidenden der Juden in der Zerstreuung und wartet selbst auf seine Heimkehr. Der Gott, den selbst die Himmel aller Himmel nicht fassen können, wird schon hier »niedrig und gering« (EG 27, Strophe 3), weil er bei seinem erniedrigten und geringen Volk bleibt und in ihrer Mitte wohnt. Manche sprechen hier von einer zweifachen Gegenwart Gottes, andere von einer mystischen »Scheidung, die in Gott selbst vorgeht« (Franz Rosenzweig) und darum auf eine endzeitliche Vereinigung Gottes drängt. Wie immer Juden diese Schechina Gottes deuten, für Christen ist es mit Händen zu greifen, daß die neutestamentlichen Vorstellungen von der Fleischwerdung des ewigen Gottes in Christus und der Erfahrung der Einwohnung des Heiligen Geistes im Horizont dieser israelitischen Schechina-Theologie entstanden sind.

In der Vision dieser kosmischen Einwohnung Gottes »in allen« erfüllt sich darum auch die Hoffnung der Christenheit. Denn »in Christus *wohnte* die ganze Fülle der Gottheit leibhaftig« (Kolosser 2,9). Fleisch ward das Wort »und *wohnte* unter uns« (Joh. 1,14). Was in der Person Christi schon da und mitten unter uns ist, das wird überall »in allen« sein, wenn die Herrschaft Christi alles ergriffen hat. So wird es auch vom Heiligen Geist gesagt: Er kommt auf Jesus herab »und ruht auf ihm« (Joh. 1,32). In den Glaubenden »wohnt« der Heilige Geist (Röm. 8,11) und wer Christus liebt, bei dem werden Christus und der Vater Jesu Christi »Wohnung machen«

(Joh.14,23). Was an Christus in Person zu sehen ist und was in den Erfahrungen des lebendig machenden Gottesgeistes an Leib und Seele zu spüren ist, das wird sich in Vollendung weltweit erfüllen: die kosmische Fleischwerdung des Wortes Gottes – die kosmische Einwohnung des Geistes Gottes – die kosmische Durchdringung aller Dinge mit der Herrlichkeit Gottes.

Die Linien der Hoffnung Israels und der Christenheit konvergieren, wie wir sehen, in jenem Endpunkt: »Gott alles in allen«. In der Bildersprache der Offenbarung stellen die 12 Tore des himmlischen Jerusalems die 12 Stämme Israels dar und die 12 Grundsteine der Mauer die 12 Apostel der Christenheit (Ofb.21,12.14). Die Schar der Erlösten soll nach Offb. 7 aus den Versiegelten der 12 Stämme Israels und der unzählbar großen Schar aus allen Völkern bestehen. Am Ende also kommen sie zusammen und werden gemeinsam jene ›Wohnung‹ bilden, in der der unruhige Gott der Verheißung und der Leiden zu seiner Ruhe kommt. Bis dahin aber gibt es Weggemeinschaft und Hoffnungsgemeinschaft und den Respekt vor der Verschiedenheit, die in den Erwählungen Gottes begründet ist. Für Paulus sollen Juden Juden bleiben, »bis die Fülle der Völker eingegangen ist« (Röm. 11,15), dann wird Israels Erlösung wie »Leben aus den Toten« sein (Römer 11,15). Man kann mit Franz Rosenzweig daraus schließen, daß Israel und die Christenheit in der Totenauferweckung und der Reichsübergabe von Christus auf »Gott alles in allen« eins werden, weil dann ihr Auftrag, Gottes Verheißungen in die Welt zu bringen und alles mit Hoffnung auf sein Kommen zu erfüllen, getan ist. Israel und Völkerkirche werden dann aufgehoben in das Ewige Reich Gottes.

Literatur

Jürgen Moltmann: Das Kommen Gottes. Christliche Eschatologie, Gütersloh 1996.

Empfehlungen zum Weiterlesen

Udo Theissmann

Die Literatur zum Themenbereich dieses Buches ist unüberschaubar, vor allem wenn man an die breite fachtheologische Diskussion zu den verschiedenen Aspekten des christlich-jüdischen Verhältnisses denkt. Hier sollen nur einige wenige Hinweise zum Weiterlesen für diejenigen gegeben werden, die den Wunsch haben, in das Thema noch weiter eingeführt zu werden. Im Folgenden ist keine Fachliteratur im engeren Sinn benannt; die Auswahl ergab sich nicht zuletzt dadurch, daß es sich um Veröffentlichungen handelt, die sich an eine breitere Leserschicht wenden und die über den Buchhandel schnell besorgt werden können.

Allgemeine Informationen zum Judentum

1. *Arnulf H. Baumann (Hg.):* Was jeder vom Judentum wissen muß, GTB 788, 8. überarb. Aufl., Gütersloh 1997.
Dieses Buch ist inzwischen ein kleines Standardwerk zum Thema Judentum geworden, das eine ganze Reihe Auflagen erlebt hat. In drei Kapiteln werden zentrale Fragen bearbeitet: ›Israel, Volk, Gottesvolk, Staat und Land‹; ›Jüdischer Glaube und jüdisches Leben‹, ›Christen und Juden‹.

2. *J.J. Petuchowski/C.Thoma:* Lexikon der jüdisch-christlichen Begegnung, Herder Taschenbücher 4281, Freiburg 1989.
Ein jüdischer und ein christlicher Fachtheologe haben in diesem sehr handlichen Lexikon Informationen zu theologischen Grundfragen und -begriffen zusammengestellt (von ›Abraham‹, über ›Messias‹ ›Inkarnation‹ und ›Liturgie‹ zu ›Propheten‹, ›Zionismus‹). Für eine schnelle Erstinformation ein nahezu unverzichtbares Buch, für das beide Autoren 1994 mit der Buber-Rosenzweig-Medaille ausgezeichnet worden sind.

3. *Roland Gradwohl:* Frag den Rabbi. Streiflichter zum Judentum, Calwer Taschenbibliothek 34, Stuttgart 1994.
In erzählender, anschaulicher Form erläutert der jüngst verstorbene Rabbiner Gradwohl zentrale Fragen des Glaubens und Lebens im

Judentum. Die Artikel sind aus Zeitungskolumnen entstanden und bestechen durch ihre Kürze und Komprimierung. Wer wissen will, wie aktuelle Fragen in rabbinischer Tradition beantwortet werden, bekommt hier einen guten Überblick. Inzwischen ist ein weiteres Bändchen erschienen: »Frag den Rabbi noch einmal...«, Calwer Taschenbücher 66, Stuttgart 1997.

4. *Monika Grübel:* Schnellkurs Judentum, Köln 1996.
Keine Angst vor diesem recht plakativen Titel! Das Buch bietet eine Fülle sehr anschaulich aufbereiteter Informationen über Geschichte und Gegenwart des Judentums, seine Lebenswelten und religiösen Riten und Feste. Zahlreiche – zwar kleinformatige, aber recht aussagekräftige – Bilder veranschaulichen die Darstellung, die durch kurze Quellentexte ergänzt wird. Für ein Taschenbuch gibt diese Veröffentlichung eine überraschend reichhaltige und differenzierte Einführung.

5. *Alfred Lohrbächer (Hg.):* Was Christen vom Judentum lernen können. Modelle und Materialien für den Unterricht, 3. Aufl., Freiburg 1994.
Über den informierenden Aspekt hinaus bietet dieses Lehrbuch eine Fülle didaktisch aufbereiteter Materialien für den Religionsunterricht und die kirchliche Katechese.

Zum Verhältnis von Christen und Juden

1. Christen und Juden II. Zur theologischen Neuorientierung im Verhältnis zum Judentum, Gütersloh 1991.
In dieser Studie der Evangelischen Kirche in Deutschland ist der Versuch unternommen worden, nach der ersten Standortbestimmung 1975 den »bisher erreichten Konsens« zu beschreiben (S.15-19), um dann »auf dem Weg zu neuen Einsichten« (S.20-63) zentrale Aufgaben im christlich-jüdischen Gespräch zu formulieren – in der Absicht einer »Neuorientierung der theologischen Arbeit« (S.21ff.). Diese Studie ist immer noch ein wichtiger Meilenstein und beschreibt Defizite und Aufgaben.

2. Arbeitsbuch Christen und Juden, hg. von Rolf Rendtorff, Gütersloh 1979 u.ö.
Diese schon etwas ältere Veröffentlichung, ursprünglich als Begleitmaterial zur Studie der EKD ›Christen und Juden I‹ erstellt, leistet immer noch gute Dienste: neben Informationen zur historischen Entwicklung geht es vor allem auch um »Juden und Christen heute«.

3. Christen und Juden. Dokumente der Annäherung, GTB 790, Gütersloh 1991.
Dokumente aus dem Zeitraum von 1933 bis 1990 sind hier, z.T. auszugsweise, zusammengestellt worden, versehen mit einer ausführlichen und sehr hilfreichen Einleitung. Dabei handelt es sich vorwiegend um kirchliche Erklärungen und Verlautbarungen, zunächst aus der Zeit des Nationalsozialismus, dann aus der unmittelbaren Nachkriegszeit. Erst in den Dokumenten der 60er Jahre wird dann der Anfang einer Neuorientierung deutlich; aus den 80er Jahren sind mehrere Synodenerklärungen zu einem veränderten Verhältnis ›Christen und Juden‹ dokumentiert.

4. *David Flusser:* Das Christentum – eine jüdische Religion, München 1990.
Interessant ist an diesem Buch, von dem bekannten jüdischen Theologen die Wurzeln des Christentums aus jüdischer Sicht aufgezeigt zu bekommen. Doch Flusser will noch mehr: den Christen den jüdischen Bruder in Jesus aufzeigen, das ›Hebräische‹ ihrer neutestamentlichen Schriften offenlegen. – Es sei auch an die Jesus-Darstellung Flussers in Rowohlts Monographien (Nr. 140) erinnert.

5. *Katja Kriener/Johann Michael Schmidt (Hg.):* Gottes Treue – Hoffnung von Christen und Juden, Neukirchen-Vluyn 1998.
Dieses Buch dokumentiert weit mehr als (nur) die »Auseinandersetzung um die Ergänzung des Grundartikels der Kirchenordnung der Evangelischen Kirche im Rheinland« – so der Untertitel. Denn innerhalb der Darstellung des sehr komplexen Beratungs- und Entscheidungsprozesses werden zahlreiche Einzelpositionen dargestellt, die so oder so ähnlich auch in anderen kirchlichen Zusammenhängen sich zu Worte melden. Insofern kommt dem Buch eine exem-

plarische Bedeutung zu; seine Lektüre ist unerläßlich für alle, die in vergleichbaren Diskussionszusammenhängen stehen.

6. *Erica Burgauer:* Zwischen Erinnerung und Verdrängung – Juden in Deutschland nach 1945, rowohlts enzyklopädie 532, Hamburg 1993.
Eine differenzierte und inhaltsreiche Darstellung der Geschichte und des Lebens jüdischer Menschen im Nachkriegsdeutschland. Im letzten Teil kommen auch die Entwicklungen nach der Wiedervereinigung zur Sprache: Zuwanderungen aus den GUS-Staaten u.ä.

Theologische Grundfragen

1. *Dagmar Henze u.a. (Hg.):* Antijudaismus im Neuen Testament? Grundlagen für die Arbeit mit biblischen Texten, Kaiser Taschenbücher 149, Gütersloh 1997.
Die Autorinnen setzen sich mit den Klischees und Stereotypen auseinander, die in der Auslegung biblischer Texte immer noch anzutreffen sind. Das Buch hat – neben zwei grundlegenden Beiträgen – zwei wichtige Teile: in einem ersten geht es um »Hintergrundinformationen« zu zentralen Aspekten wie Bezeichnung und Bedeutung der Testamente, zum Gottesnamen, zu den Streitgesprächen, der Darstellung religiöser Strömungen in den Evangelien u.a. Im zweiten Teil wird an elf neutestamentlichen Texten aufgezeigt, wie eine Auslegung geschehen kann, die nicht antijudaistischen Klischees verfällt. Dazu werden die konkreten antijudaistischen Stereotypen zunächst genannt, historisch aufgearbeitet und schließlich an einem Bibeltext aufgezeigt, wie mit ihnen umgegangen werden sollte.

2. *Roland Gradwohl:* Was ist der Talmud? Einführung in die »Mündliche Tradition« Israels, Calwer Taschenbibliothek 2, 3. Aufl., Stuttgart 1993;

3. *Siegfried Bergler:* Talmud für Anfänger, ein Werkbuch, Hannover 1991; Talmud für Fortgeschrittene, Hannover 1993.
Diese Bändchen versuchen auf je eigene Weise die »mündliche

Tradition« Israels zu erschließen. Während Gradwohl eine Einführung aus jüdischer Sicht für christliche Leser gibt und dabei Hintergründe und Struktur des Talmud vor allem zu erschließen sucht, geht es in dem Buch von Bergler um eine Einführung aus christlicher Sicht, die sich ganz konkret einzelnen Textbeispielen zuwendet (und so dem Werkbuch-Anspruch gerecht zu werden sucht: Aufgaben sind am Ende der Kapitel formuliert, sie werden zum Schluß ›gelöst‹).

4. *Willibald Böse:* Galiläa, Herder Akzente, Neuausgabe Freiburg 1998.
Lebensraum und Wirkungsfeld Jesu aus Nazareth werden in übersichtlicher und interessanter Form dargestellt. Damit gewinnen die Orte seiner Wirksamkeit, vor allem rund um den See Genezareth, eine überraschende Anschaulichkeit – zugleich auch die Wurzeln seiner Frömmigkeit und Lehre. Sehr informative und übersichtliche Skizzen und Karten ergänzen den insgesamt reichhaltigen Text. Neutestamentliche Texte gewinnen vor diesem Hintergrund eine ganz neue Plausibilität.

5. *B. Klappert/H.-J.Kraus/F.-W. Marquardt/M.Stöhr:* Jesusbekenntnis und Christusnachfolge, Kaiser Taschenbücher 115, München 1992.
Das Bändchen enthält vier wichtige Beiträge zur Frage, wie ein Christusbekenntnis ohne antijudaistische Töne geschehen könne. Neben einem Grundsatzartikel »Neu an Christus glauben« (Stöhr) werden eine »Christologie des Heiligen Geistes« (Kraus), das Bekenntnis zum Christus (Marquardt) und die »Völkerwallfahrt zum Zion« (Eph 2 und 3) thematisiert. Die Beiträge – 1991 entstanden – sind aktuell geblieben, weil von ihnen viele Anregungen ausgegangen sind.

6. *Reinhold Mayer:* War Jesus der Messias? Geschichte der Messiasse Israels in drei Jahrtausenden, Tübingen 1998.
In diesem umfangreichen Sachbuch wird in verständlicher Form eine Übersicht über die Messiaserwartungen (und -enttäuschungen) Israels gegeben. In einem ersten Teil werden die verschiedenen Messiasse vorgestellt, in einem zweiten Teil sind Quellen über sie zu-

sammengestellt, die ihren zeitgeschichtlichen Hintergrund und ihr Wirken noch weiter entfalten.

Wer sich darüber gern etwas geraffter informieren möchte, sei an das Buch verwiesen:

7. *Nathan Peter Levinson:* Der Messias, Stuttgart 1994.
Levinson gibt ebenfalls einen Überblick über die Geschichte der Messiaserwartungen und gliedert sie nach den verschiedenen Erscheinungsformen. In einem Einleitungsteil wird den Quellen der Messiaserwartung im biblischen und religiösen Schrifttum nachgespürt.

8. *Pinchas Lapide:* Warum kommt er nicht? Jüdische Evangelienauslegung, GTB 1421, 2. Aufl., Gütersloh 1994.
Pinchas Lapide hat sich in mehreren Veröffentlichungen mit Fragen einer Evangelienauslegung aus jüdischer Sicht befaßt. Beispielhaft sei auf dieses Buch verwiesen. In dessen letztem Kapitel beschäftigt er sich ebenfalls mit dem jüdischen und christlichen Messianismus. Zudem geht es aber auch um »jüdische Wurzeln von Eucharistie und Abendmahl«, »Tod Jesu« und »Kreuz der Juden« u.a.

9. *Schalom Ben-Chorin:* Die Erwählung Israels. Ein politisch-theologischer Traktat, München 1993.
Der Autor setzt sich mit einem Thema auseinander, das bei Nichtjuden auch heute noch oft auf Unverständnis stößt: wie kann sich ein einzelnes Volk als von Gott »erwählt« betrachten? Er setzt beim biblisch-theologischen Kern dieser Aussage an und bedenkt dann die politischen Folgen dieses Erwählungsgedankens, die zu einer Isolierung Israels – im Positiven wie im Negativen – beigetragen haben.

Worterklärungen

Matthias Millard und Udo Theissmann

Amoräer

Rabbinen des 3.-5. Jh; die Sammlung mit ihren Diskussionen bildet den größten Teil des Talmud.

Antijudaismus

bezeichnet vor allem die religiöse Feindschaft gegenüber dem Judentum, während mit »Antisemitismus« die rassische und gesellschaftliche Ablehnung und Verfolgung gemeint ist. Kern des kirchlichen Antijudaismus ist jahrhundertelang der Vorwurf des Christus- bzw. Gottesmordes gewesen, ausgehend von Mt 27,25. Deshalb ist es wichtig, die wirklichen Hintergründe des Prozesses und der Kreuzigung Jesu aufzuarbeiten. Antijudaismus schlägt sich auch in einem enterbenden, einvernehmenden Umgang mit der hebräischen Bibel nieder.

Dekalog

die zehn Gebote (in 2.Mose 20 bzw. 5.Mose 5).

Eschatologie

Lehre von den letzten Dingen, der Endzeit der Welt.

Exodus

Auszug der Israeliten aus Ägypten, beschrieben im 2.Buch Mose, das auch als Buch ›Exodus‹ genannt wird. Die dort beschriebene Auszugserfahrung wurde zu dem grundlegenden religiösen Ereignis des Judentums, das im Pessachfest jährlich erinnert wird.

Haggada, Aggada

umfaßt die erzählenden, erbauenden Teile des Talmud.

Halacha

bezeichnet die religionsgesetzlich verbindlichen Teile des Talmud. Die Halacha wird durch feste Auslegungsregeln aus der Bibel abgeleitet.

JHWH

Der alttestamentliche Gottesname, das Tetragramm (vier Buchstaben). Der Name wird nicht ausgesprochen, sondern umschrieben: Adonaj, Herr (griechisch: kyrios); ha-Schem, der Name.

Midrasch

bezeichnet die schriftlich festgehaltene jüdische Schriftauslegung, die in stärker erbauliche (aggadische) oder religionsgesetzliche (halachische) Texte zu differenzieren ist. Zu den letzteren gehören auch die Sifra, ein spätantiker jüdischer Kommentar zu 3. Mose.

Mischna

bedeutet wörtlich »Wiederholung (der Tora)«, d.h. das zunächst mündliche Studium der Tradition Israels zu allen Fragen religiöser Lebensführung. Diese mündliche Tradition ist gegen 200 n.Chr. thematisch in sechs Abteilungen geordnet und gesammelt worden, die Gliederung der Mischna ist im Talmud übernommen worden.

Monotheismus

Der Glaube, daß es nur einen Gott gibt.

Passa, Pessach

Passa ist die griechische Umschrift von hebräisch Pessach. Pessach ist das jährliche Erinnerungsfest an den Auszug aus Ägypten, den Exodus (2.Mose 12ff.). Das christliche Abendmahl (Eucharistie) ist schon in der Tradition der drei ältesten Evangelien als Pessachmahl dargestellt.

Polytheismus

Der Glaube an mehrere (viele) Gottheiten.

rabbinisch, Rabbinen

Als Rabbinen werden jüdische Gelehrte bezeichnet. Nach der Vernichtung des jüdischen Tempels im ersten römisch-jüdischen Krieg wurde die rabbinische Gruppe innerhalb des Judentums zur Mehrheitsposition. Ihr historisches Merkmal ist die Fähigkeit zur aktuellen Weiterentwicklung jüdischer Lehre, ohne die biblische Grundlage zu verlassen.

Schema Israel, Schma' Jisrael, Sh'ma Jisrael

das »Höre, Israel«. Die beiden Wörter (5.Mose 6,4) sind der Anfang des zentralen jüdischen Bekenntnisses zur Einzigkeit Gottes.

Schoah, Holocaust

Mit beiden Begriffen wird die ideologisch vorbereitete und bürokratisch-fabrikmäßige Vernichtung von sechs Millionen Jüdinnen und Juden durch den Nationalsozialismus bezeichnet. ›Holocaust‹ ist ein inzwischen umstrittener Begriff, er heißt übersetzt (griech./lat.) ›Ganz-‹ oder ›Brandopfer‹; ›Schoah‹ (hebr.) bedeutet ›Vernichtung‹ und beschreibt das Geschehene sehr viel genauer.

Synagoge

kommt aus dem Griechischen und bedeutet: ›Versammlung‹, bes. ›Versammlungsort‹. Versammlungsorte hat es schon neben dem zentralen Tempel in Jerusalem gegeben; in der Bibel wird lediglich verboten, an diesen anderen Versammlungsorten ein Tieropfer zu schlachten. Nach der Zerstörung des Tempels in Jerusalem (70 n.Chr.) durch die Römer trat die Synagoge als »Heiligtum im Kleinen« an dessen Stelle. Sie ist Haus des Gebets und des Lernens, aber kein Ersatz für den Tempel.

Talmud

Im Talmud sind rabbinische Positionen zu allen Fragen jüdischen Lebens in der Spätantike gesammelt (im 6.Jh. abgeschlossen). Der Talmud nimmt die Mischna auf und führt sie weiter. Jede Position erscheint dabei im Zusammenhang einer Diskussion, deren Ergebnis fixiert ist, die aber revidierbar bleibt. Neben rechtlichen Formen, in denen das Religionsgesetz herausgebildet wird, finden sich dabei erzählende Passagen (Aggada) sowie Gleichnisse. Typisch für alle Formen ist der intensive Bibelbezug, so daß der Talmud Zeugnis des Weiterlebens biblischer Geschichte ist.

Der Jerusalemer Talmud ist kürzer und älter, der babylonische Talmud ist jünger und umfassender und steht in höherem Ansehen. »Der Talmud ist das kollektive Gedächtnis des jüdischen Volkes.“ (Alfred Paffenholz, a.a.O., 28)

Tannaiten

von aramäisch tanna »Lehrer«. Ihre Lehren bilden im 1.-3. Jh. n. Chr. die Mischna aus; am Anfang stehen die Schulen der berühmten Toralehrer Hillels und Schammais.

Tora

Tora, wörtlich ›Lehre‹, ist im engeren Sinn die biblische und jüdische Bezeichnung der fünf Bücher Mose, im weiteren Sinn die Summe aller biblischen Bücher, die damit weniger als Geschichte denn als Offenbarung des Gotteswillens aufgefaßt sind. Die Bezeichnung ›Gesetz‹ betont sehr einseitig den juristischen Teilaspekt dieses offenbarten Gotteswillens und stellt andere wie den lehrenden, heilenden und diskussionsoffenen Aspekt demgegenüber zurück.

Die biblische Tora heißt auch schriftliche Tora im Unterschied zum rabbinischen Schrifttum, Talmud und Midrasch, als sogenannter mündlicher Tora: Talmud und Midrasch sind damit nach jüdischem Verständnis Auslegungen der Bibel.

Trinitätslehre

Die Lehre vom dreieinigen Gott. Sie versucht zu beschreiben, daß der eine, biblisch bezeugte Gott sich dreifach offenbart hat. Diese Dreiteilung der christlichen Gotteslehre umfaßt die Beschreibung Gottes als drei Personen und drei Funktionsbereiche.

Zionismus

beschreibt die neuzeitliche Bewegung, die sich die Rückkehr der in alle Welt verstreuten Juden nach Israel, zum Zion, zum Ziel gesetzt hat. Dieser Wunsch der Rückkehr war immer lebendig gewesen, z.B. in dem jährlich wiederholten Zuspruch während der Pessach-Feier »Nächstes Jahr in Jerusalem«. Unter dem Einfluß der nationalstaatlichen Bewegungen in Europa und der Pogrome in Osteuropa im 19. Jh. konkretisierte er sich in dem Verlangen nach einem eigenständigen Judenstaat auf dem Boden des biblischen Israel (1897 erster Zionistenkongreß in Basel).

Literatur

Lexikon des Judentums, hg. von John F. Oppenheimer, dt. Übersetzung Gütersloh 1971.

Neues Lexikon des Judentums, hg. v. Julius H. Schoeps, Gütersloh 1992.

Willi Jasper: Enzyklopädie der Judenfeindschaften, in: Jüdische Lebenswelten. Katalog zur Ausstellung in Berlin 1991, Frankfurt/M. 1992.

Donin, Chajim Halevy, Jüdisches Leben, Jerusalem 1987.

Alfred Pfaffenholz: Was macht der Rabbi ...? Das Judentum, dtv 36060, München 1998.

Die Autorinnen und Autoren

Crüsemann, Frank, geb. 1938, Professor für Altes Testament an der Kirchlichen Hochschule Bethel.

Crüsemann, Marlene, geb. 1953, Theologin in Bielefeld, Veröffentlichungen zur feministischen und sozialgeschichtlichen Bibelauslegung.

Dörrfuß, Ernst Michael, geb. 1960, Pfarrer für das Gespräch zwischen Christen und Juden und Dozent an der Fortbildungsstätte Kloster Denkendorf, Vorstandsmitglied im Arbeitskreis ›Studium in Israel‹.

Ebach, Jürgen, geb. 1945, Professor für Exegese und Theologie des Alten Testaments an der Ruhr-Universität Bochum. Hauptarbeitsgebiete: Alttestamentliche Literaturgeschichte, Biblische Ethik, Hermeneutik.

Frettlöh, Magdalene L., Wissenschaftliche Assistentin für Systematische Theologie/Dogmatik an der Evangelisch-Theologischen Fakultät der Ruhr-Universität Bochum. Arbeitsschwerpunkte: Dogmatik als Biblische Theologie, bes. zu Fragen der Gotteslehre und der Christologie; Verknüpfung von feministisch-theologischem Diskurs und jüdisch-christlichem Gespräch.

Kriener, Tobias, geb. 1956, Ev. Theologe, derzeit Hausmann. Mitglied der Arbeitsgemeinschaft ›Christen und Juden‹ beim Ev.Kirchentag; Vorstandsmitglied des Deutsch-Israelischen Arbeitskreises für Frieden im Nahen Osten e.V.

Lapide, Ruth, jüdische Theologin und Historikerin, Studium an der Hebräischen Universität in Jerusalem, jahrelang wissenschaftliche Mitarbeiterin von Pinchas Lapide.

Lenhard, Hartmut, geb. 1947, Oberstudiendirektor, Leiter des Studienseminars für das Lehramt für die Sekundarstufe II Paderborn, Arbeitsgebiete: Themen der Religionspädagogik und Lehrerausbildung, kirchenpolitische Fragestellungen.

Lohrbächer, Alfred, geb. 1943, Pfarrer, Schuldekan in Weinheim, Mitarbeit in regionalen und überregionalen Arbeitsgruppen, die sich mit dem Verhältnis von Juden und Christen beschäftigen.

Maier, Christl, geb. 1962, wissenschaftliche Assistentin für Altes Testament an der Humboldt-Universität Berlin, Mitglied im Arbeitskreis ›Studium in Israel‹. Bisherige Arbeitsschwerpunkte sind Auslegungen zum Sprüche- und Jeremiabuch.

Marquardt, Friedrich-Wilhelm, geb. 1928, emeritierter Theologie-Professor an der Freien Universität Berlin.

Millard, Matthias, geb. 1964, nach Tätigkeit als Assistent an der Kirchlichen Hochschule Bethel z.Zt. Stipendiat der Deutschen Forschungsgemeinschaft, Arbeitsschwerpunkte im Bereich der biblischen Exegese, (Pentateuchforschung, Psalter) und des Judentums (jüdische Bibelauslegung, rabbinisches Judentum).

Moltmann, Jürgen, geb. 1926, Professor für Systematische Theologie an der Universität Tübingen, 1994 emeritiert. Arbeitsschwerpunkte: Theologie der Hoffnung, Theologie und Naturwissenschaft, Christlich-jüdischer Dialog.

Müller, Klaus, geb. 1955, Pfarrer im Religionsunterricht, Privatdozent am Praktisch-Theologischen Seminar der Universität Heidelberg (schwerpunktmäßig zu

Fragen der Begründung sozialer Verantwortung im Gespräch zwischen christlicher und jüdischer Tradition).

Neuhaus, Dietrich, geb. 1951, seit 1986 Pfarrer und Studienleiter an der Ev. Akademie Arnoldshain. Veröffentlichungen zu theologischen, kirchlichen und ästhetischen Gegenwartsfragen.

Obst, Gabriele, geb. 1965, Akademische Rätin am Oberstufen-Kolleg an der Universität Bielefeld Arbeitsgebiete: Systematische Theologie (Schwerpunkt: Theologie Karl Barths), religionspädagogische und allgemein-pädagogische Themen.

Rendtorff, Rolf, geb. 1925, Professor für Alttestamentliche Theologie an der Universität Heidelberg, seit 1990 emeritiert.

Schottroff, Luise, geb.1934. Professorin für Neues Testament in Mainz, seit 1986 in Kassel. Arbeitsschwerpunkte: Sozialgeschichte des frühen Christentums, Befreiungstheologie und Feministische Theologie im Kontext der ›ersten‹ Welt.

Severin-Kaiser, Martina, geb. 1959, Studium der ev. Theologie und Geschichte an der Hebräischen Universität in Jerusalem, Mitarbeit in der Arbeitsgemeinschaft ›Juden und Christen‹ beim Deutschen Evangelischen Kirchentag, Pfarrerin an der deutschsprachigen Gemeinde in Brüssel.

Siegele-Wenschkewitz, Leonore, Pfarrerin der Evangelischen Kirche in Hessen und Nassau und Direktorin der Evangelischen Akademie Arnoldshain; Professorin für Historische Theologie an der Johann Wolfgang Goethe-Universität Frankfurt/M.

Stöhr, Martin, emeritierter Theologie-Professor an der Universität – Gesamthochschule Siegen.

Theissmann, Udo, geb. 1941, Leitender Regierungs-Schuldirektor, Fachdezernent für Evangelische Religionslehre und Philosophie bei den Bezirksregierungen Detmold und Münster, Arbeitskreis ›Christen und Juden‹ der Arbeitsgemeinschaft ›Solidarische Kirche‹ Westfalen.

Wagner, Peter, geb. 1930, Pfarrer i.R., Beauftragter der Lippischen Landeskirche für das Christlich-Jüdische Gespräch, Mitglied des Auschusses ›Juden und Christen‹ des Reformierten Bundes.

Weinrich, Michael, geb. 1950, Professor für Systematische Theologie am Institut für Evangelische Theologie der Freien Universität Berlin. Arbeitsschwerpunkte: Theologiegeschichte der Neuzeit, Religionskritik und Ökumene einschließlich des Verhältnisses der Kirche zum Judentum.

Wengst, Klaus, geb. 1942, Professor für Neues Testament an der Universität Bochum; seit 1992 Vorsitzender der Arbeitsgemeinschaft ›Juden und Christen‹ beim Deutschen Evangelischen Kirchentag.

Wittstock, Alfred, geb. 1949, Studium der Ev. Theologie und Geschichte u.a. in Jerusalem, Mitbegründer des Studienprogramms ›Studium in Israel‹, Mitglied der Kirchentagsgruppe ›Juden und Christen‹ beim Deutschen Ev. Kirchentag, Lehrer.